その**判断**が危ない!?

税務処理の実務ポイント 法人税編

~ベテラン税理士でも
誤解しやすい事例を精選~

見田村 元宣【著】

第一法規

はじめに

　初めまして、税理士の見田村元宣と申します。本書を手に取っていただき、本当にありがとうございます。この本は税理士でも見落としがちな論点を中心に、「固定資産」、「（役員）給与」、「貸倒損失」、「生命保険」、「税務調査」という項目につき解説をしました。基本的には税理士を対象にした内容ですが、一般の方やまだ経験の浅い会計事務所職員の方がお読みになってもご理解いただけるように書きました。

　私は日本全国の税理士会などの研修講師も務めさせていただき、懇親会などで色々な先生方とお話ししていると、「非常にわかりやすかった」、「時間が経つのを忘れた」、「勉強になった」などのお声を頂いていたので、そのノウハウの一部を本書にまとめています。

　私が税理士業界に飛び込んだ頃に比べ、税務が非常に複雑化していると感じます。ただし、その一方で昔から変わらない税務のポイントであるにも関わらず、多くの税理士が見落としがちな論点のままという項目もあります。本書ではそのような昔から変わらない税務のポイントで見落としがちなものをまとめました。組織再編などの税務はもちろん重要なのですが、日頃、税理士が検討することが多いのはこの論点です。我々税理士が間違えれば、損をするのは顧問先です。そして、昨今では税理士に対する損害賠償請求も増えており、税理士という仕事はミスした場合の損害賠償額が計算できてしまう仕事です。これが基本的に他の士業にはない特徴です。それだけに日頃、目にすることが多い税務に関する論点はなおさら整理しておくべきでしょう。

　なお、本書の特徴として、過去の裁決や判決、国税の個別通達などの根拠を多角的に盛り込み、顧問先の社長などからの質問に対し

て本書の内容をベースに回答して頂ければ、その回答は、より信頼性が増すものとなります。特に、セカンドオピニオンの顧問税理士がついている場合、税理士間で見解が分かれることも数多く経験してきましたが、その多くは見解の違いではなく、片方の税理士が間違っている状況です。折角、本書を手に取っていただいたので、顧問先に適正な税務アドバイスをしていただける一助となれば幸甚です。本来であればまだまだ書きたいことは山のようにあるのですが、それは紙面の関係上、書ききれませんので、またの機会にお伝えできればと思います。

　最後に、本書の発刊にあたりご尽力いただいた稲村将人氏、井上絵里氏、桐谷梢氏には心から感謝申し上げます。ありがとうございました。

令和3年12月　税理士　見田村元宣

第3章　貸倒損失をめぐる税務

第4章　生命保険をめぐる税務

第5章 税務調査に関する税務

> ＊法令、通達、判決文、裁決文の引用について、ポイントとなる箇所に【　】
> または下線を追加しています。

第 1 章

固定資産をめぐる税務

不動産を購入した場合の
土地と建物の按分基準

　中古の不動産を購入した場合、土地と建物（建物附属設備を含む）に按分し、建物に関しては減価償却の対象になります。一般的にはそれぞれの固定資産税評価額で按分することが多いですが、どんな点に注意をしなければならないのでしょうか？

ポイント

　中古建物を購入した年度が固定資産税評価額の評価替えの基準年度であれば、固定資産税評価額をそのまま採用することができますが、基準年度以外に購入したものであれば、固定資産税評価額の補正計算をするのが正しい考え方です。

解説

　土地と建物を按分する場合、固定資産税評価額が採用されることが多いですが、固定資産税評価額は3年に1度※の評価替えがされます。この評価替えがされた年度（基準年度）に購入した物件については、固定資産税評価額をそのまま使うことができます。

※昭和60年、63年（中略）平成27年、30年、令和3年と、昭和の時代から3の倍数と偶然にも一致しているので、覚えておくといいでしょう。

　しかし、基準年度以外に購入された物件に関しては、固定資産税評価額の補正計算をしなければなりません。実際に、次の裁決においても次のように示されています。

■ 平成12年12月28日裁決

　固定資産税評価額は、請求人が主張するように3年に1度しか評価替えが行われないことから、評価替えを行った年度（以下「基準年度」という）以外の年度に取得した物件については、基準年度からその取得した年までの価格変動及び損耗について、当該評価額を補正する必要がある。

■ 平成13年2月19日裁決

　固定資産税評価額は3年に1度の評価替えであることから、評価替えを行った年度（以下「基準年度」という）以外の年度に取得した物件については、基準年度からその取得した年までの価格変動及び損耗について、当該評価額を補正する必要がある。

　では、これを具体的に計算してみましょう。平成28年に取得した不動産とします。

【土地の固定資産税評価額の補正計算】

(1) 平成27年度の固定資産税評価額：100

(2) 平成30年度の固定資産税評価額：160

(3) 補正後の固定資産税評価額：100 ＋ {(160 － 100)× 1/3}＝ 120

【建物の固定資産税評価額の補正計算】

(1) 平成27年度の固定資産税評価額：100

(2) 平成30年度の固定資産税評価額：94

(3) 補正後の固定資産税評価額：100 ＋ {(94 － 100)× 1/3}＝ 98

　この120、98を使い、「土地」と「建物（建物附属設備を含む）」に按分するのです。たとえば、不動産の購入価額が200であれば、

「土地：200 × {120/(120 + 98)} ＝ 110」、「建物（建物附属設備を含む）：200 × {98/(120 + 98)} ＝ 90」となるのです。その後、建物（建物附属設備を含む）を「建物」と「建物附属設備」に按分するのです。これが平成13年2月19日裁決で示された方法です。なお、これは法令や通達に明記された方法ではありませんので、不動産鑑定評価など、これ以外の方法によることも可能です。

　ただし、この計算方法には大きな問題点があります。個人が中古不動産を購入した場合を例に挙げて考えてみましょう。上記の例では平成28年に不動産を購入という前提で「平成27年度の評価額」と「平成30年度の評価額」を使って計算しました。

　この場合、「平成28年：不動産を購入」、「平成29年：確定申告」という流れとなります。しかし、確定申告をする段階で、「平成30年度の固定資産税評価額」はまだ通知されていないのです。だから、国税不服審判所が示した方法は「個人の場合：通常の税務申告の段階では100％無理」、「法人の場合：取得年度、決算月によっては可能」という方法なのです。国税不服審判所は裁決を示す時点にいるので、その時点ならば「平成30年度の固定資産税評価額」も発表されていたという訳です（平成13年の裁決なので、実際の年度は平成30年度ではありません）。ただし、固定資産税評価額で按分するならば、基準年度以外に取得した不動産に関しては補正計算が必要ということは覚えておいてください。

　結果として、購入年度の固定資産税評価額で按分していることが多いでしょうし、実際の税務調査でもほぼ問題にならないとは考えます。後から補正計算をして検証したとしても大きな差額にはならないことも多いでしょう。

　もっと言えば、税務調査官がこの知識を持っていないこともかなりのケースにおいてあると考えます。仮に知っていたとしても、これを調べて按分計算したところで、どの程度の否認額が出るかは別

5

問題なので、手間をかけてまでやらない訳です。そもそも、こうした論点は税務調査の本質ではありません。

　ただし、固定資産税評価額で按分する場合はこれが正しい方法ですので、特にバブル崩壊や新型コロナウイルス感染症の拡大による価格変動などの特殊事情がある場合は固定資産税評価額で按分せず、不動産鑑定評価額を採用するなどの方法も検討すべきなのです。

多くの人が誤解している・間違えているポイント

- ☑ 中古の不動産を購入した場合、固定資産税評価額で土地と建物に按分されていることが多いが、基準年度以外に購入した物件に関しては補正計算が必要。

- ☑ 現実には固定資産税評価額の補正計算ができない場合も多いので、この場合は不動産鑑定評価額などの採用を検討するケースもあり得る。

事例 02　不動産を購入した場合の建物と建物附属設備の按分基準

　不動産を購入した場合、土地と建物にしか按分されていないケースが多いですが、建物附属設備も存在しているならば、土地と建物と建物附属設備に按分することが必要です。この按分計算はどのようにすればいいのでしょうか？

ポイント

　まず、購入総額を土地と建物（建物附属設備を含む）に按分し、その後に建物と建物附属設備に按分します。土地と建物（建物附属設備を含む）に按分する方法としては、固定資産税評価額などを使って行い、建物と建物附属設備に按分する方法は、売買契約書に内訳が記載されている場合は当該金額による方法、同業他社の物件から見積もる方法、建築工事請負契約書による実額計算、販売会社や建築会社が作成した譲渡原価証明等に基づく按分計算、再建築費評点数算出表の再建築費評点数の割合による按分計算などが考えられます。

解説

　法人または個人が不動産を購入した場合、購入価額を「建物」と「土地」に按分計算し、建物に関しては減価償却費を計算します。しかし、「土地の上に乗っている物」は「建物」だけでしょうか？

　ある納税者は「土地の上に乗っている物は建物だけではない」、「建

物附属設備もある」と考えました。そこで、「土地の上に乗っている物」を「建物：70%」、「建物附属設備：30%」と按分し、確定申告をしました。これらの耐用年数の長さは「建物＞建物附属設備」なので、按分した方が減価償却費を多く計上できます。これが税務調査で否認され、争いになったのが国税不服審判所の裁決（平成12年12月28日）です。この事例は個人が争った所得税の事例ですが、法人税においても同じ考え方となります。

　この事例において国税は「減価償却費の計算を行うに当たっては、建物本体及び建物附属設備の取得価額が明らかでなければならないが、原処分及び異議申立てに係る調査において請求人から提示があった売買契約書等からでは建物本体及び建物附属設備の価額が明確に区分できなかったので、やむを得ず、建物附属設備の価額を建物本体の価額に含めたところで減価償却費を計算したものである」と主張しました。

　しかし、国税不服審判所は国税の主張を認めず、次のとおり判断しました。

● 所得税法施行規則32条において、減価償却資産で耐用年数省令に規定する耐用年数を適用するものについての不動産所得の金額の計算上必要経費に算入される償却費の額は、当該耐用年数に応じ、耐用年数省令に規定する減価償却資産の種類の区分ごとに、かつ、当該耐用年数及び居住者が採用している償却の方法により計算した金額とする旨規定されている。

● 耐用年数省令別表第1の減価償却資産の種類には、建物及び建物附属設備が区分して掲げられている。

● 耐用年数通達2―2―1により、木造の建物等の建物附属設備については、建物本体と一括して耐用年数を適用することができることとして取り扱われているが、この取扱いは、木造の建物等にあっては、建物本体及び建物附属設備の耐用年数の差がそれほど

著しくなく、その建物附属設備の金額も少額な場合が多いことなどから、経理の簡素化等の見地からの取扱いと解される。

● 鉄筋鉄骨造りのマンションの場合には、建物本体及び建物附属設備の減価償却費の計算は、<u>それぞれ別個の耐用年数により計算する必要がある</u>。

● 購入した建物本体及び建物附属設備については（…中略…）それぞれの購入代価等が売買契約書等で区分して明らかにされている場合は、その区分されているところの購入代価等によることとなるが、その購入代価等が区分して明らかにされていない場合には、建物の取得価額を合理的な方法により<u>建物本体及び建物附属設備に区分計算する必要がある</u>。

● このことから、請求人から提示があった売買契約書等からでは建物本体及び建物附属設備の価額が明確に区分できなかったので、やむを得ず、建物附属設備の価額を建物本体の価額に含めたところで減価償却費を計算したとする原処分庁の主張は採用できない。

● 合理的な方法で建物の取得価額を建物本体及び建物附属設備に区分する必要があるが、請求人が主張する<u>同業他社の物件から見積もった建物本体及び建物附属設備の価額の割合による方法も合理性のある方法</u>と認められる。

● 本件物件の建築主が保存する工事請負契約書から建物本体及び建物附属設備のそれぞれの工事費の割合が算出でき、これを不相当とする理由は認められないから、請求人が主張する他の物件等の資料に基づき計算する方法より、本件物件の建築工事に係る資料に基づき計算される工事費の割合による方法がより合理的と認められる。

なお、この事例で問題になったのは、別々の場所に建っている鉄

筋鉄骨造りのマンション３室なので、国税不服審判所の裁決文では「鉄筋鉄骨造りのマンションの場合」と記載されています。ただし、鉄筋鉄骨造りのマンションに限った話ではなく、「鉄骨鉄筋コンクリート造」、「鉄筋コンクリート造」、「金属造」、「れんが造」、「石造」、「ブロック造」にも共通して言えることです。

　これらから外れる木造、合成樹脂造、木骨モルタル造の建物の建物附属設備【のみ】が建物と建物附属設備の按分計算をしてもしなくてもいいのです。これら以外の建物に関してはしなければならないのです。

> **耐用年数の適用等に関する取扱通達２－２－１（木造建物の特例）**
> 　建物の附属設備は、原則として建物本体と区分して耐用年数を適用するのであるが、木造、合成樹脂造り又は木骨モルタル造りの建物の附属設備については、建物と一括して建物の耐用年数を適用することができる。

　だから、鉄骨鉄筋コンクリート造だけでなく、鉄筋コンクリート造、金属造、れんが造、石造、ブロック造の建物に関しては、按分計算しなければならないのです。

　実際、東京国税局の内部資料「所得税・消費税誤りやすい事例集」（平成 30 年 12 月）においても、次のとおり記載されています。

> ○ 誤りやすい事例
> 鉄骨鉄筋コンクリート造の建物の附属設備について、建物本体と一括して建物の耐用年数を適用している。
> ○ 解説
> 建物の附属設備を建物本体と区分せずに建物の耐用年数を適用できるのは、木造、合成樹脂造又は木骨モルタル造の建物の附

属設備に限られる。

（以下、略）

　上記の内部資料では、鉄骨鉄筋コンクリート造の建物の附属設備に限定されていますが、併せて「木造、合成樹脂造、木骨モルタル造の建物の附属設備に限られる」と書いてあることからも分かるとおり、鉄骨鉄筋コンクリート造、鉄筋コンクリート造、金属造、れんが造、石造、ブロック造は「建物」と「建物附属設備」を分けなければならないのです。当然、分けた方が減価償却費は多くなりますので有利な計算となるのです。しかし、これが按分されていないことが非常に多いのです。

　話が少し逸れますが、減価償却費の計算は「個人（所得税）：強制償却（その年の減価償却費はその年に計上しなければならない）」、「法人（法人税）：任意償却（限度額の範囲なら、減価償却費は法人の任意で計上）」という違いがあるので、併せて覚えておいてください。

　上記の裁決事例は別棟にあるマンション３室の事例でしたが、当然、１棟の建物全体が１社の所有物である場合も同じことが言えるのです。

　では、次に別の事例（国税不服審判所・平成13年2月19日裁決）を見てみましょう。この事例は「販売会社や建築会社が作成した譲渡原価証明等に基づく按分計算」、「再建築費評点数算出表の再建築費評点数※の割合による按分計算」が合理的と示された事例です。

※新築当時の固定資産税評価額を算出した基礎資料であり、市役所などで確認

　なお、過去の裁決で示された方法ではありませんが、過去に私が採用した方法に「不動産鑑定評価書の資料の一部として、１級建築士が作成した建物附属設備の明細を入れてもらい、これを以って、按分計算の根拠とした」という事例もあります。

建築工事請負契約書による実額計算、販売会社や建築会社が作成した譲渡原価証明等に基づく按分計算、再建築費評点数算出表の再建築費評点数の割合による按分計算に関しては、「新築当時」の建物、建物附属設備の価額が計算されます。

　そのため、購入した物件が中古の場合、新築時から購入時までの損耗（減価償却費）を加味する必要があります。

　ちなみに、平成12年12月28日裁決において問題になった物件は鉄筋鉄骨造りのマンション（3室）ですが、この3室の「新築当時」の割合は下記となっていました。建築請負契約書から計算された割合です。

○ Aマンションの1室（建物：71.52％、建物附属設備：28.48％）
○ Bマンションの1室（建物：69.60％、建物附属設備：30.40％）
○ Cマンションの1室（建物：72.47％、建物附属設備：27.53％）

　平成13年2月19日裁決においても問題になった物件は鉄筋鉄骨造りのマンションです（5室）。この5室の「新築当時」の割合は下記となっていました。

○ Dマンションの1室（建物：84.22％、建物附属設備：15.78％）
○ Eマンションの1室（建物：77.10％、建物附属設備：22.90％）
○ Fマンションの1室（建物：85.65％、建物附属設備：14.35％）
○ Gマンションの1室（建物：70.72％、建物附属設備：29.28％）
○ Hマンションの1室（建物：70.72％、建物附属設備：29.28％）

　なお、あくまでも1つの参考情報ですが、『不動産の評価・権利調整と税務』（777頁・2020年11月発行・清文社）では、鵜野和夫先生（税理士、不動産鑑定士）が次のとおり、書かれています（表は箇条書きに変更）。

（略）計画段階で内訳の未詳であるときのメドとして、経験的にみて、図表7－4のような比率で区分しておいてよいであろう。

図表7－4　建物本体と設備の比率
○ 木造アパート
　　・建物本体部分：80～90%
　　・設備部分：10～20%
○ 耐火中層共同住宅
　　・建物本体部分：80～90%
　　・設備部分：10～20%
○ 商業ビル
　　・建物本体部分：65～80%
　　・設備部分：20～35%

　新築時点ではこのようになる訳ですが、中古物件の場合は経過年数に応じて、建物と建物附属設備の残存割合を計算し、この割合で按分計算を次のように行う訳です。計算過程がわかりやすいように、数字を設定します。
○ 中古の不動産の購入価額1,000（土地600、建物（建物附属設備を含む）400）
○ 新築当時の耐用年数：建物50年、建物附属設備10年
○ 新築当時の建物：新築当時の建物附属設備＝80：20
○ 経過年数：5年

○ 建物：$80 -(80 \div 50 年)\times 5 年= 72$
○ 建物附属設備：$20 -(20 \div 10 年)\times 5 年= 10$
○ 建物と建物附属設備の合計：$72 + 10 = 82$

○ 建物：$400 \times 72/82 = 351$
○ 建物附属設備：$400 \times 10/82 = 49$

少し複雑な計算になりますが、失念しないようにしましょう。なお、一定の経過年数を経過している場合は建物附属設備が結果として0円というケースもありますので、併せて注意する必要があります。

多くの人が誤解している・間違えているポイント

☑ 不動産を購入した場合、土地と建物と建物附属設備に按分しなければならないにも関わらず、土地と建物にしか按分されていないことが多い。

☑ 木造、合成樹脂造、木骨モルタル造以外の建物については、必ず按分計算をしなければならない。

事例 03 不動産購入後1年以内の建物の取壊し費用の取扱い

　土地建物を購入後、おおむね1年以内に建物を取り壊した場合は基本的に建物の取得価額、取壊し費用は土地の取得価額に算入されます。ただし、それは事実関係により変わりますので、形式的な判断をすべきではありません。どのような点に注意をすればいいのでしょうか？

ポイント

　土地建物を購入した際の建物を利用する目的の有無、建物を事業の用に供したと認められる事実関係の有無が重要です。これらがあれば、おおむね1年以内に建物を取り壊した場合であっても、建物の取得価額、取壊し費用はその取り壊した事業年度の損金の額に算入されます。

解説

　不動産（土地建物）を購入した場合、その購入（利用）目的が土地の取得ならば、建物の帳簿価額、取壊費用などは土地の取得価額となり、損金にすることはできません。この旨は法人税基本通達7－3－6に書いてあり、「その取得後おおむね1年以内に当該建物等の取壊しに着手する等、当初からその建物等を取り壊して土地を利用する目的であることが明らかであると認められるとき」は上記取扱いになると記載されています。

　ここで、「おおむね１年以内に当該建物等の取壊しに着手する等」と書かれていることから、「取得後おおむね１年以内に取壊しに着手＝土地の取得価額になる」と理解されている場合もあるようですが、そうではありません。あくまでも「当初からその建物等を取り壊して土地を利用する目的であることが明らかであると認められるとき」に建物の帳簿価額、取壊費用は土地の取得価額になるのです。そういう場合は「おおむね１年以内に当該建物等の取壊しに着手する等」の状況になるので、「おおむね１年以内」と書かれている訳です。

　当然、「おおむね１年以内」を超えていても、当初から土地利用が目的ならば、土地の取得価額になります。結果、おおむね１年以内に当該建物等の取壊しに着手した場合、建物の帳簿価額、取壊費用は「当初から土地利用が目的：土地の取得価額」、「建物も利用する前提での購入：損金算入」となるのです。この辺りは事実関係次第なので、一概には言えませんが、おおむね１年以内に取壊しに着手していた場合は税務調査で問題になる可能性があります。

この建物の帳簿価額、取壊費用の取扱いにつき、判断された事例を2つお伝えしましょう。

■ **さいたま地裁（平成18年9月27日判決）**

　1年以内に地上建物の取壊しに着手したような場合でも、土地建物取得時は当該建物を利用する目的であったが、その後の状況の変化により1年以内に当該建物を取り壊さなければならなくなったという場合（例えば、ホテル用建物をその敷地とともに取得し、事業の用に供していたが、耐震性に問題ある建物とわかり、新建物建築のため、取得後1年以内に旧建物を取り壊さざるを得なくなった場合等）には、「当初からその建物等を取り壊して土地を利用する目的であることが明らかであると認められるとき」とはいえないから、上記通達を機械的に適用することは相当ではない。

■ **国税不服審判所（平成20年3月24日裁決）**

　「当初からその建物等を取り壊して土地を利用する目的であることが明らかであると認められるとき」といえるかどうかについては、当該建物を取得するに至る経緯、取得時の当該建物の客観的状態（建物の建築年数・現況・老朽度や利用価値）、土地の更地としての相場価格、取得後の調査や改装等の状況、建物の取壊時期や取壊目的等の資料等の客観的な諸事実を総合勘案して判断すべきと解される。

　那覇地裁（平成16年9月21日判決、最高裁（平成19年9月20日決定、上告不受理））でも、同旨の判断がされ、納税者の主張が認められていません。これらの事例はいずれも、納税者の主張が認められなかったものですが、これらはそもそも「土地の利用が目的」

での土地建物の取得だったと考えられます。

　ただし、これは事実関係次第なので、これらの事例と同様になるとは限りません。事実関係で重要となるのが「土地建物を購入した際の建物を利用する目的の有無」、「建物を事業の用に供したと認められるか」という点です。

　同じような状況があった場合、税務調査で問題になる可能性があることは事実なので、「当初は建物を利用していた（利用しようと思っていた）経緯、事実関係」、「建物をおおむね1年以内に取り壊すことになった経緯、理由」を書面やメールなどの「記録」で残しておきましょう。

　この事例に限りませんが、私が様々な方から単発の税務相談やスポットでの税務調査の対応をしていると、「事実関係はあるが、記録（証拠）がない」というケースも少なくありません。場合によっては、悪意なく捨ててしまっているケースもあります。このような証拠が残っていない場合、その証拠を復元させることを検討したり、間接証拠を集めたりということが必要になってきます。これらの行為は大変です。そういうことにならないよう、税務調査官から「どんなことを」質問されても、「証拠を示して回答できる状況」を作る必要があるのです。簡単なことのようですが、実際には「それは捨ててしまっていますね…」ということも多い訳です。

多くの人が誤解している・間違えているポイント

- ☑ 土地建物の購入後、おおむね1年以内に建物を取り壊した場合であっても、建物の購入価額、取壊し費用が必ず土地の取得価額になる訳ではない。

- ☑ 「当初は建物を利用していた（利用しようと思っていた）経緯、事実関係」、「建物をおおむね1年以内に取り壊すことになった経緯、理由」を記録として残しておくことが重要。

ビルなどを賃借した場合の
内部造作の耐用年数

　他人が所有しているビルなどの建物を賃借し、その場所をオフィスや店舗などとして使用することがあります。そして、その場所に内部造作をすることも多いですが、この耐用年数はどのように考えればいいのでしょうか？

ポイント

　まずは契約書を確認し、その契約形態が「普通借家契約」なのか、「定期借家契約」なのかを確認して判断することが大切です。

解説

　新型コロナウイルス感染症の拡大の影響からテナントが撤退し、空きテナントが増えています。賃料の低下や数か月のフリーレントも発生しています。テレワークやウェブ会議の促進により、従来の床面積が不要になった企業も続出しています。この状況の下、新たな店舗展開や移転を考えている企業も数多くあります。そのような会社が移転、出店をする際に「他人の建物を賃借した」、「その建物に内部造作を作った」場合の内部造作の耐用年数について解説をします。「その内部造作は何年で償却できるのか？」という論点です。

　原則的な考え方は建物の耐用年数、その造作の種類、用途、使用材質等を勘案して、合理的に見積もって計算することになっています（耐用年数の適用等に関する取扱通達１－１－３）。合理的に見積

もれば、一定の長い年数になり、減価償却費も多額には計上できません。

ただし、特例的な考え方もあります。①賃借期間の定めがある契約、かつ、②賃借期間の更新のできない契約、かつ、③内部造作につき、テナントが有益費の請求をしたり、買取請求をしたりすることができない契約であれば、「賃借期間＝耐用年数」とすることができるのです。つまり、「定期借家契約」の場合です。

ただし、『会社税務事例』（第一法規）には次の記述もあります。

賃借建物に施工した内部造作の適用耐用年数

事例

　当社は、飲食店業を営んでおり、この程、新規出店のため、建物を賃借しました。その賃貸借契約は３年間の定期建物賃貸借契約であり、「本契約は、契約期間の満了により終了し、更新がない。」とされています。ただし、「賃貸人と賃借人が協議のうえ合意した場合には、本契約の期間満了の日の翌日を始期とする新たな賃貸借契約を締結することができる。」と定められています。

　また、賃貸人は契約期間満了日の１年前から６か月前までの間に、賃借人に対し期間の満了により本契約が終了する旨を書面によって通知することとし、その通知をしなければ、本契約の終了を賃借人に対して主張することができず、賃借人は契約期間満了後においても、その建物を引続き使用することができることとされています。

　このような条件の賃借建物に飲食店用の内部造作を施しましたが、その内部造作は、当社所有の資産として、今後減価償却をしていくつもりです。その場合、賃借期間は３年であり、契

約期間の更新がないことになっており、退去時にその内部造作を賃貸人に買い取ってもらうこともできませんので、適用する耐用年数は３年でよいでしょうか。

結論

　契約内容などを形式的にみる限り、賃借期間の３年を耐用年数にしてよいように思えるが、実質的には、賃借期間の更新ができない契約とはいえず、形式的に賃借期間の３年を耐用年数にすることはできないものと考える。

解説

［１］　法人が建物を賃借し、自己の用に供するため造作した場合の造作費用は、自己の資産の取得価額として減価償却をすることができる。

　その場合の造作に対する適用耐用年数は、その造作が建物にされたときは、その建物の耐用年数、その造作の種類、用途、使用材質等を勘案して、合理的に見積もった耐用年数による。一方、その造作が建物附属設備にされたときは、その建物附属設備の耐用年数により、耐用年数を見積もることはできない（耐通１－１－３）。

　ただし、その建物について賃借期間の定めがあり（賃借期間の更新ができないものに限る。）、かつ、有益費の請求又は買取請求をすることができないものについては、その賃借期間を耐用年数とすることができる。

［２］　事例を上記［１］ただし書きの取扱いに照らしてみると、契約期間の更新がないことが明文で定められ、かつ、その内部造作を賃貸人に買い取ってもらうこともできない、ということであるから、形式的には、その賃借期間である３年を耐用年数

とすることができる、と考えられる。

　しかし、その契約によれば、賃貸人と賃借人が合意した場合には、本契約の期間満了の日の翌日を始期とする新たな賃貸借契約を締結することができ、また、本契約を終了させるためには、書面による通知など所定の手続を要することになっており、契約期間が満了したら、自動的、絶対的に契約が終了することにはなっていない。

［3］　このことは、新たな賃貸借契約の締結や書面による通知をしないことによる契約の継続の可能性を残しており、実質的にみれば「賃借期間の更新ができない」とはいえないものと認められる。

　したがって、事例の場合、賃借期間の3年を耐用年数にすることはできず、その造作が建物又は建物附属設備のいずれに施工されたものであるかに応じ、上記［1］の原則による耐用年数を適用すべきものと考える。

　ただ、その造作が物理的に3年程度しか使用に耐えず、かつ、3年後に新たな賃貸借契約を締結する際には、権利金や敷金の支払など当初の契約と同様の条件で契約をしなければならない、というのであれば、賃借期間の3年を耐用年数にする余地はあるものと考えられる。

　ただし、私見になりますが、将来において再契約した場合でもそれは単なる結果論であり、再契約可能である条項の有無に関わらず、再契約は可能です。そのため、定期借家契約であれば、「賃借期間＝耐用年数」で問題ないと考えており、ある理論派の国税OB税理士や税務訴訟に強い弁護士と、このテーマにつき議論したことがありますが、2人とも私と同意見でした。その弁護士は「更正されても、裁判官の思考パターンはわかるので訴訟になっても勝訴の可能性が

高い。」と主張していました。

　結果として、税務調査で問題になる可能性はありますが、定期借家契約であれば、「賃借期間＝耐用年数」でも問題ないということが認められるべきと考えるのです。

　実際、「耐用年数の適用等に関する取扱通達１－１－３」においては、上記①～③の条件しか求められていない訳です。

　この考え方を前提にすると、たとえば、「賃借期間：２年」、「内部造作の金額：5,000万円」であれば、１年目の減価償却「限度額」は2,500万円、２年目の減価償却「限度額」も2,500万円となります。あくまでも「限度額」であり、法人の場合は任意償却ですから、「実際に減価償却する額」は500万円でも、2,000万円でも問題ありません。

　しかし、この特例的な考え方が採用できるにも関わらず、原則的な「合理的な見積り計算」が採用されてしまっているケースが非常に多い訳です。過去に「賃借期間を耐用年数にしておけば、減価償却費がもっと多額だった。」、「何年間ももっと利益が抑えられ、納税も抑えることができたはずだった。」、「その節税額を返済に回しておけば、現在の借入金の額が相当減っていたはずだった。」という提案をしたこともあります。借入金の額が変われば、支払ってきた利息の額も変わります。

　だから、定期借家契約の場合、「実際にいくらの減価償却費を計上するかは別問題」として、「限度額」としての「枠取り」は行っておくべきなのです。その枠の範囲内で実際の減価償却費を任意に決めればいいのです。

　この考え方を利用すれば、一度に大きな損金（減価償却費）が計上されますので、移転や新設のタイミングが合えば、突発的な特別利益が計上される期の利益を圧縮することもできるのです。たとえば、全額損金などの定期保険で節税したものの、解約返戻率がピー

クの時に充てる損金がない場合などです。ちなみに、借地借家法では１年や１年未満の賃借期間も認められています。

　なお、定期借家契約である場合、賃借人としては賃貸借期間終了時に再契約ができずに移転しなければならないリスク、一定期間の賃借をしなければならないリスクも考えなければなりません。

耐用年数の適用等に関する取扱通達１－１－３（他人の建物に対する造作の耐用年数）

　法人が建物を貸借し自己の用に供するため造作した場合（現に使用している用途を他の用途に変えるために造作した場合を含む。）の造作に要した金額は、当該造作が、建物についてされたときは、当該建物の耐用年数、その造作の種類、用途、使用材質等を勘案して、合理的に見積つた耐用年数により、建物附属設備についてされたときは、建物附属設備の耐用年数により償却する。ただし、当該建物について賃借期間の定めがあるもの（賃借期間の更新のできないものに限る。）で、かつ、有益費の請求又は買取請求をすることができないものについては、当該賃借期間を耐用年数として償却することができる。

（注）　同一の建物（一の区画ごとに用途を異にしている場合には、同一の用途に属する部分）についてした造作は、その全てを一の資産として償却をするのであるから、その耐用年数は、その造作全部を総合して見積ることに留意する。

多くの人が誤解している・間違えているポイント

- ☑ 定期借家契約で賃借しているにも関わらず、合理的に見積もった一定の年数で減価償却していることが多い。

- ☑ 顧問先が本店移転、支店の新設、新店の出店をした場合、まずは賃貸借契約書を確認することが重要。

事例 05 定期借地権の上に建っている建物の耐用年数

　前問で定期借家契約を前提にした内部造作の耐用年数に関して解説しましたが、では、定期借地契約による定期借地権の上に建物を建て、賃借期間終了時に建物を取り壊して更地返却することが確定している場合、賃借期間を耐用年数にすることはできるのでしょうか？

　定期借地権の上に建っている建物に「耐用年数の適用等に関する取扱通達１－１－３」の考え方を応用することには疑義があります。

解説

　前問で定期借「家」契約により他人の建物を賃借した場合の内部造作の耐用年数について解説しました。

　では、顧問先が定期借「地」契約で土地を賃借し、その土地の上に建物を建てた場合の建物の耐用年数はどうなるのでしょうか？たとえば、「事業用定期借地契約：15 年」、「建物の耐用年数：39 年（15 年間の定期借地契約が終了したら 100％建物を取り壊し、更地にして返還する前提）」という場合、上記と同様の考え方に基づき、本来は 39 年が耐用年数である建物を 15 年で償却してしまうことも可能なのでしょうか？

　答えは「そうなるとは限らない」という少し曖昧な回答になります。

これはアサキインターナショナル（株）という会社が大阪国税局に事前照会をかけた結果、回答を得た内容に基づきます。これが国税庁のホームページに掲載されています。この事例の概要を説明します。

○ 土地の所有者：××市
○ 土地の賃借期間：15 年
○ 建物の用途：結婚式場等の宴会施設

この前提で、アサキインターナショナル株式会社は「相手が××市なので、租税回避という恣意性はない。」、「15 年後に【必ず】建物を取り壊す契約なので、15 年を建物の耐用年数にしても問題ないか？」と照会をかけました。

しかし、大阪国税局は局としての見解、かつ、事前照会者の申告内容を拘束するものではないとしながらも、「貴見のとおり取り扱われるとは限りません。」と回答した訳です。

その理由は「建物の場合、本来の耐用年数を短縮できる理由は限定されている。」、「定期借地契約であることは、この中に入っていない。」、「耐用年数通達１−１−３（前問で解説）の話は、あくまでも内部造作の話。」、「耐用年数通達１−１−３の話を定期借地契約に応用することは不可。」というものです。

■ 大阪国税局の回答（原文）
　減価償却資産については、減価償却資産の耐用年数等に関する省令において、その耐用年数（以下「法定耐用年数」といいます。）が定められています。また、法人税法施行令第 57 条《耐用年数の短縮》では、一定の事由に該当する場合に、納税地の所轄国税局長の承認を受けたときは、減価償却資産の使用可能

期間を法定耐用年数とみなすことを定めています。この「一定
の事由」については、同条第1項第1号から第6号まで及び法
人税法施行規則第16条第1号から第3号まで《耐用年数の短
縮が認められる事由》に掲げられており、いずれも減価償却資
産自体の使用可能期間が法定耐用年数よりも著しく短くなると
いう事由が現に発生しているような場合に限って承認される趣
旨であると解されます。

　しかしながら、借地契約の契約期間が法定耐用年数より短い
ことは、法令上のいずれの事由にも該当しないため、同条に基
づく短縮の承認申請は認められません。なお、耐用年数の適用
等に関する取扱通達1－1－3《他人の建物に対する造作の耐
用年数》は、他人から賃借した建物に対して行った造作につい
ての取扱いであり、建物そのものをこれに準じて取り扱うこと
は、相当でないと考えられます。

　つまり、「定期借家契約の内部造作：根拠となる通達がある。」、「定
期借地契約の建物：根拠となるものがない。」ということです。経済
的な合理性から考えれば、照会者の意見はもっともだと私も思うの
ですが、大阪国税局の回答は「貴見のとおり取り扱われるとは限り
ません。」だった訳です。もちろん、これが裁判になった場合の結論
はわかりませんが、顧問先が事業用定期借地契約をし、建物を建て
て店舗などを展開していくならば、この論点は重要ですので十分な
検討をした上で判断するようにしてください。

☑ 定期借家契約における内部造作と定期借地権上の建物では耐用年数の考え方が異なる。

☑ 定期借地契約の場合、賃借期間終了時に更地返却が確定していたとしても、賃借期間を耐用年数とすることはできない可能性がある。

事例 06 　修繕費用の考え方（その１）

　固定資産に対して修繕をした場合、その修繕費用が修繕費としての損金か？ 資本的支出として資産計上か？ ということが争点になることは多いですが、税理士としてどのようなことを覚えておくべきでしょうか？

　修繕費用がどんなに多額であっても、修繕費になるケースはある。

解説

　まず、「その１」では「原状回復費用は修繕費で問題ないか？」を解説します。修繕費について法人税基本通達には次のとおり記載されています。

> **法人税基本通達７－８－２（修繕費に含まれる費用）**
> 　法人がその有する固定資産の修理、改良等のために支出した金額のうち当該固定資産の通常の維持管理のため、又は【き損した】固定資産につきその原状を回復するために要したと認められる部分の金額が修繕費となるのであるが、次に掲げるような金額は、修繕費に該当する。（以下、略）

　同じ内容が所得税基本通達にも定められていますので、見てみま

しょう。

> ### 所得税基本通達 37 − 11（修繕費に含まれる費用）
> 　業務の用に供されている固定資産の修理、改良等のために支出した金額のうち当該固定資産の通常の維持管理のため、又は【災害等によりき損した】固定資産につきその原状を回復するために要したと認められる部分の金額（…中略…）が修繕費となるのであるが、次に掲げるような金額は、修繕費に該当する。（以下、略）

　私が【　】を付けた部分からもわかるとおり、法人税では「き損した」となっており、所得税では「災害等によりき損した」となっています。この「災害等により」という部分は所得税に限った話であって、法人税では「災害等により」ではない、「単なる原状回復費用」も修繕費になるのでしょうか？

　結論からいうと、そうではありません。所得税も法人税も同じ考え方になり、「災害等によりき損した固定資産の原状回復費用」は修繕費になります。しかし、これらの比較もしていないし、法人税基本通達には「き損した固定資産の原状回復費用」は修繕費と書いてあるので、多くの税理士が「単なる原状回復費用も修繕費」と勘違いしていることもあります。

　実際、『法人税関係通達総覧』（第一法規）には下記とあります。

> 　なお、本通達の本文において修繕費の意義として示している「き損した固定資産につきその現状を回復するために支出する金額」については、平成７年改正前は「災害等によりき損した……」という表現になっていたが、同年の改正により災害があった場合の資本的支出と修繕費の区分については基本通達７

32

－8－6に定めるところによることとなつたことに伴い、本通達における「災害等により」の文言は削除されている。

　もつとも、「災害等により」の文言が削除されたからといつて、通常の使用により固定資産が減耗し、き損した場合にもその現状回復費が無条件で修繕費として認められるというものではないから、ここでいう「き損した」というのは、あくまでも通常の使用以外の原因により固定資産がき損した場合のことを指していると解すべきであろう。

　だから、「通常使用で固定資産が減耗し、き損した場合の現状回復費用」はその内容により、修繕費か？資本的支出か？を判断すべきなのです。

　たとえば、「TKC税務Q＆Aデータベース」に下記解説があります。

「機械装置のモーターの取替えと減価償却等」

Q．金属プレス加工設備のモーターを次のように取り替えた場合、その取替費は修繕費となるのか、それとも資本的支出となるのか。また、取替え後の減価償却費の計算はどのように行うのか。

・金属プレス加工設備の取得価額　　　300万円
・旧モーターの取得価額　　　　　　　30万円
・同取得時期　　　　　　　　　昭55．5．10
・新モーターの取得価額　　　　　　　50万円
・同耐用年数　　　　　　　　　　　　12年
・取替時期　　　　　　　　　　昭63．5．7
・償却方法　　　　　　　　　　　　定額法

A.

1、モーター取替費用 50 万円は、金属プレス加工設備の使用可能期間を延長させる効果があるので、明らかに資本的支出として減価償却の対象となる。（以下、略）

その修繕に伴う費用が「修繕費として損金になるのか？」、「資本的支出となり、減価償却を通じて損金になるのか？」は「修繕の内容」により変わります。重要なことは「単なる原状回復費用＝修繕費」ではないということです。ただし、建物の壁の塗替や雨漏り防止工事などは上記の両通達にいうところの「通常の維持管理」に該当するので、一般的な修繕内容であれば、修繕費になります。

まとめると、「単なる原状回復費用は修繕費とは限らず、その内容により判断」、「通常の維持管理に該当するものは修繕費で問題ない」となるのです。ただし、法人税基本通達には「災害等により」という記載がなく税理士も勘違いしやすい部分なので、覚えておいてください。

なお、旧法人税基本通達 235 には次の記載がありました。

次に掲げるようなことのために支出した金額は、令第 132 条の規定を適用して資本的支出と修繕費の区分計算をしないで、その全額を修繕費と認めるものとする。ただし、自己の使用に供する等のため他から購入した固定資産について支出した金額又は現に使用していなかった資産について新たに使用するために支出した金額は、修繕費としない。

(1) 家屋又は壁の塗替

(2) 家屋の床のき損部分の取替

(3) 家屋の畳の表替

(4) き損した瓦の取替

(5) き損したガラスの取替又は障子、襖の張替

(6) ベルトの取替

(7) 自動車のタイヤの取替

この旧通達は、昭和44年に「法令に規定されている」、「法令の解釈上疑義がない」、「条理上明らか」という理由から、通達として定める必要がないので廃止されたものになります。ただし、この旧通達の考え方は原則として現在も同じと考えます。

多くの人が誤解している・間違えているポイント

☑ 原状回復費用であっても、資本的支出に該当する場合がある。

☑ 通常の維持管理の費用、または災害等によりき損した固定資産の原状回復費用に該当するならば、金額に関わらず、修繕費として問題ない。

事例
07

修繕費用の考え方（その２）

　前問で「通常の維持管理」に該当する費用ならば、修繕費に該当すると解説されましたが、これが税務調査で問題になった事例はあるのでしょうか？

─── ポイント ───

　屋根の雨漏り防止工事が問題になった事例があります。ただし、この事例では３棟の建物の修繕が問題になり、１棟分は資本的支出、２棟分は修繕費となりました。同じような費用でも、建物や修繕が必要な状況の違いにより判断が分かれることがあるので、注意が必要です。

解説

　国税不服審判所の裁決（平成13年９月20日）を取り上げましょう。この事例では３棟の建物の雨漏り防止工事が問題になり、下記の状況でした。

建物名	構造	修繕内容	修繕費用
本社倉庫	鉄骨造スレート葺2階建 鉄骨造カラートタン葺3階建	カラートタンで屋根を覆い被せた工事（屋根カバー工法）	14,500,000
流通センター	鉄骨造陸屋根7階建	陸屋根の上に鉄骨を組みアルミトタンで屋根を葺いた工事（折板屋根工事）	10,935,239

建物名	構造	修繕内容	修繕費用
賃貸ビル	鉄骨造陸屋根５階建	陸屋根の上に鉄骨を組みカラー鉄板で屋根を葺いた工事（折板屋根工事）	21,714,286

　それぞれの建物の状況は次のとおりです。

● 本社倉庫の屋根のスレート部分は、建築後20年以上経過しており、雨漏りが20か所以上で発生し、また、同カラートタン部分は、同じく20年以上経過し、鉄板の腐食がひどく、雨漏り防止のため社員が毎月コーキング剤（水漏れ防止剤）で修理をしていた。

● 流通センターの屋根については、陸屋根のため雨漏りの箇所が特定できず、何回となく防水塗装等を行ったが、依然として雨漏りは続いていた。

● 賃貸ビルの屋根については、陸屋根のため雨漏りの箇所が特定できず、平成２年にビニール防水加工による工事を行ったが、再度雨漏りが始まった。

　この状況の下、税務調査において３棟分の全額が資本的支出であると更正され、国税不服審判所にて争われることになったのです。しかも、流通センターと賃貸ビルについては、陸屋根の上に鉄骨を組みアルミトタンまたはカラー鉄板の屋根で覆った折板屋根工事による防水工事なので、完全に物理的付加もある状況です。

　あくまでも「例示」ですが、法人税基本通達７−８−１（資本的支出の例示）では「例えば次に掲げるような金額は、原則として資本的支出に該当する。」として、「建物の避難階段の取付等物理的に付加した部分に係る費用の額」が「例として」挙げられています。

　そして、国税不服審判所は次のとおり判断しました。

● 本社倉庫

　屋根の20か所以上の亀裂から雨漏りが発生したもので、その亀

裂に対して個別に修理ができたにもかかわらず、その屋根の上にカラートタンで屋根全体を覆い被せた屋根カバー工法により工事を行ったものであり、耐用年数の到来が近い屋根を新たにカラートタンで覆う工事は、屋根の耐用年数を延長する工事と認められ、単に雨漏りする箇所のみを修繕する応急的な修復工事、すなわち、単にその資産の通常の効用を維持させるための補修とは認められない。

　また、屋根カバー工法による工事は、工事全体で新たな屋根を完成させるものであることから、全体を一工事とみるのが相当であり、これに要する工事費用もその支出の内容を個々に検討する必要は認められない。

● 流通センター、賃貸ビルについて

　陸屋根の特定できない部分からの雨漏りのため、陸屋根の上に鉄骨を組み、アルミトタンまたはカラー鉄板の屋根で覆った折板屋根工事による防水工事である。一般的に鉄骨・鉄筋コンクリート造の陸屋根式建物は、雨漏りがいったん発生すると雨漏りの経路が分かりにくく完全に修理することは困難だといわれており、工事業者の答述においても、流通センター及び賃貸ビルに係る工事は応急的に行われたものであり、この工法が雨漏りを防ぐ一番安価な方法であったことが認められ、さらに、過去何度となく補修工事を行っていたにもかかわらず雨漏りが続いていたこと等を考慮すると、本件工事を行わない場合には漏水による建物各部分への影響が不可避であり、結果的に当初予測した建物使用可能期間を短縮させることになるとともに、本工事によって新たに生じた屋根裏の空間には利用価値が認められないことから、請求人が施工した陸屋根全体を覆う防水工事は、建物の維持管理のための措置であったと認められる。

　このように、物理的付加を伴う修繕であっても、法人税基本通達７−８−１に示されている「建物の避難階段の取付等物理的に付加

した部分に係る費用の額」は例示でもあり、修繕費になるのか？、資本的支出になるのか？というのは修繕の内容に応じた実態判断となるのです。

この事例に触れている「近畿税理士会業務対策部だより 050013」（近畿税理士界　平成25年4月10日第588号）では次のとおり記載されています。「税理士法第33条の2に規定する添付書面」の「顕著な増減事項」についてです。

---

(3) 税理士自らが実質判断しなければならない場合

　平成13年9月20日裁決（TAINS　F0-2-119）では、陸屋根造りの屋根については、雨漏りの箇所が特定できず、過去に何度となく応急的に防水工事を行っていたにも関わらず、雨漏りが続いていたこと等を考慮し、その雨漏り防止のための工事費用を建物の維持管理のための修繕費とするのが相当であるとされた事例が紹介されています。この事例は、通達には例示がなく、修繕費について実質的な判断をする必要がありますが、裁決では3棟のうちの2棟の工事総額32,649,525円を修繕費として認めています。

　このようなケースでは、顕著な増減事項の欄には、(2)で説明した修繕の対象物件、工期、施工業者、資料の保存状況などのほか、税理士自身がどのように判断したのかを、例えば次のように記載します。

　「法人代表者が、施工業者である〇〇工務店の担当者〇〇から、鉄筋コンクリート造の陸屋根式建物は、雨漏りがいったん発生すると雨漏りの経路が分かりにくく完全に修理することは困難であり、本件工事の工法が雨漏りを防ぐ一番安価な方法であると説明を受けた旨を税理士が確認しています。また、本件の建物については実際に過去幾度となく補修工事を行っていた

にもかかわらず雨漏りが続いていたことを税理士が確認し、本件工事を行わない場合には漏水による建物各部分への影響が不可避であり、結果的に当初予測した建物使用可能期間を短縮させることになり、また、本件工事によって新たに生じた屋根裏の空間には利用価値が認められないので、その全額を修繕費と判断しました。」

　この事例のように、数千万円の修繕費を決算書に計上しても、その内容を記載する欄は決算書にも申告書にもないので、添付書面を添付しない場合、その内容を解明するために調査となる可能性があります。一方、法基通７−８−４などの形式基準に従うだけで、依頼者に不利な選択を強いた場合には、依頼者から損害賠償を請求される可能性もあります。修繕費か資本的支出かという判断は、耐用年数を延ばすなどの改良等であるか否かを判断要素としていますが、実際にはその判断は困難な場合が少なくありません。しかし、税務の専門家としてその困難な事案に対してどのような資料収集の努力をして、どのように判断したのかを記録に残しておくことが重要です。

　書面添付制度を積極的に利用して、顕著な増減事項の欄に、判断の根拠やその内容を詳細かつ具体的に記載することにより、説明責任を果たすとともに、税理士法第１条の使命が全うされるものと考えます。

　　　　（出典：TAINS データベース：「TAINS コード『その他事例近畿会 050013』近畿税理士界　平成 25 年 4 月 10 日号 業務対策部だより『添付書面の顕著な増減事項』」）

　この事例において、請求人の主張が認められた要因として、工事業者の答述が非常に大きかった訳です。そうであれば、税務調査で

指摘され、争点になる前に添付書面に工事業者にも確認しておくべき内容を記載すべきということです。決算・申告は限られた時間の中での作業なので、どこまで確認できるかは別問題となりますが、月次の段階で可能な限り詳細を詰めておくことが重要なのです。

なお、別事例（国税不服審判所・平成14年8月21日裁決）になりますが、「本件漏えい対策工事は、過去2回の修繕工事でも改善されなかったために行われたガス漏れ防止工事であり、本件漏えい対策工事において、<u>原処分庁が主張するように物理的に付加した部分</u>があるとしても、当該物理的な付加は、当該資産の価値を高め耐久性を増すためというより、液化したプロパンガスを安全に出荷するために行った補修であり、出荷ポンプとしての本来の機能を回復するためのものであるから、<u>本件漏えい対策工事費は修繕費に該当し</u>、請求人の経理処理は相当である。」と判断されたものもあります。

この事例においては「改造が必要」という字句が書面に残っていたことも問題になりました。ある国税OB税理士も書籍に書いていましたが、契約書、見積書、請求書、納品書などの記載として、「<u>改良</u>」、「<u>改造</u>」、「<u>改善</u>」、「<u>補強</u>」、「<u>強化</u>」、「<u>増設</u>」、「<u>設置</u>」などの表現があると税務調査で問題になる可能性があるので、税務調査官はこのような表現を探している訳です。

しかし、工事業者の方は税務の専門家ではないし、工事に伴って何かしらの物を設置すれば、上記のような表現を日本語として採用することも普通でしょう。しかし、それが税務調査で問題になってしまう可能性もある訳です。

修繕の内容が修繕費なのか？、資本的支出なのか？というのは事実関係によりますが、修繕費に該当するもの（通常の維持管理、災害等によりき損した固定資産の原状回復費用）ならば、上記のような表現は書面に残っていない方が無難なのです。

なお、私は税務調査で問題にならないように、以上のような情報

をお伝えするとともに、修繕前の写真、修繕過程の写真、修繕後の写真を残しておいてもらうよう、顧問先にお伝えしています。

多くの人が誤解している・間違えているポイント

- ☑ 多額な修繕費用であっても、物理的付加を伴う修繕であっても、通常の維持管理、または、災害等によりき損した固定資産の原状回復費用に該当するならば、修繕費として損金になる。

- ☑ 税務調査に備えるためにも書面の記載内容、修繕前の写真、修繕過程の写真、修繕後の写真などの資料を整えておくことが重要である。

事例 08 法人名義の固定資産を同族役員が個人的に使用していた場合の対応

　税務調査で法人名義の固定資産を同族役員が個人的に使用していることが問題になるケースがあります。この場合、車両の購入代金が認定賞与となり、重加算税の指摘も受けることがあります。では、このような場合、どのような対応（交渉）をすべきなのでしょうか？

　法人名義の車両を実質的経営者の妻が個人的、かつ、専属的に使用していた裁決事例があります。この事例においては、認定賞与と重加算税を回避できているので、この事例をベースに国税と交渉を進める必要があります。

解説

　以前、ある方から「法人名義の車両を社長の妻が個人的に『も』使用」、「『個人的使用分に応じた使用料を払うべき』と税務調査で指摘された」、「顧問税理士に聞いても『そんな否認はおかしい』と言うが、この指摘は根拠がなく、おかしいのではないか？」というご相談を受けました。

　これと同じようなことが指摘された実例があるので、具体的に見ていきましょう。国税不服審判所の裁決(平成24年11月1日)です。この事例は「100％株主であるA氏※1の妻※2が同族法人名義の車両を100％個人的に使用していた」というものです。

　この事例において、国税は「車両の取得価額などはAへの給与（損金不算入）」、「隠ぺい、仮装に該当するので、重加算税」と否認し、争いになったものです。ちなみに、「車両の納車先、保管場所は自宅」、「ディーラーに連絡先として登録されていたのは、妻の携帯電話番号」という状況です。

　これに対し、国税不服審判所は下記と判断しました。

● 妻は車両を個人的に使用しているが、個人的に使用しているに留まる。

● 法人からAに対して車両の贈与があったなど、実質的にAに対して給与を支給したのと同様の経済的効果をもたらしたとまでは言えない。

● 車両の取得価額（リサイクル預託金を含む）は役員給与にならない。

● 自動車税、自動車取得税、自動車重量税、ディーラーに対する手数料などは役員賞与に該当する（損金不算入）。

● Aは法人に一定の使用料を支払うべきであるが、払っていないので、この使用料相当額は「継続的な」役員給与に当たる（定期同額給与、全額が損金算入）※。

※著者注：金銭の給与と合算で過大か否かという論点は「一応は」ありますが、一定額以上でなければ、過大額が問題になるケースは少ないでしょう。

● 損金に算入される定期同額給与の計算は下記

(1) 車両の購入価額

(2) 自動車保険料の額

(3) ローンに関する支払利息の額

(4) 1か月当たりの使用料 ＝ {(1)＋(2)＋(3)} ÷ 72か月※

※今回は新車だったので、耐用年数6年（＝72か月）

● 自動車税などは租税公課、保険料、支払利息などの勘定科目で帳簿に記載されており、隠ぺい、仮装に該当しないので、重加算税には該当しない。

この内容を簡単にまとめると次のとおりです。

● 車両の購入費、リサイクル預託金：役員給与にはならない（車両の購入費は減価償却 OK）

● 自動車税、自動車取得税、自動車重量税、ディーラーに対する手数料などは一時的なものなので、役員賞与

● 一定の使用料を支払うべき（この支払いがないならば、定期同額給与に該当）

この事例は、Aの妻が法人名義の車両を100％個人的に使用していたものであり、このような結果になりました。

では、冒頭の「法人名義の車両を社長の妻が個人的に『も』使用」、「『個人的使用分に応じた使用料を払うべき』と税務調査で指摘された」という質問に戻りましょう。

上記の裁決事例を踏まえると、税務調査官の指摘は正しいことになります。なお、質問の事例は裁決とは違い、「個人的に『も』使用」なので、法人の業務にも使用していた状況です。だから、按分計算が必要になる訳です。この「個人的使用分」をどのように計算するかはケースバイケースですが、たとえば、「車両は通勤のみで使用（グーグルマップで距離が測定できる。例：4.3km などの表示がされます。）」、「通勤で使用した距離が業務で使用した分」、「タコメーターを検証し、差額が個人的に使用した距離」という考え方もあります。ざっくり日数按分などの考え方もあり得ますが、この辺りはケースバイケースです。

なお、税務調査において「車両などの購入代金が役員賞与」と指摘を受けた場合は上記裁決事例を前提に交渉すべきですが、個人的

に使用していた法人名義の船舶が役員賞与と認定された事例もあります。国税不服審判所の裁決（平成7年10月12日）です。

　この事例ではフェラーリ（2人乗り、排気量4.94リットルのスポーツカータイプ）と船舶（プレジャーモーターボート、総トン数8.5トン、最大搭載人員12名）が問題になりました。しかし、フェラーリは「本件車両が、主として使用する××の個人的趣味によって選定された外国製のスポーツカータイプの乗用車であるとしても、前記のとおり現実に請求人の事業の用に使用されていることが推認できる以上は、原処分庁の主張を採用することはできない。」と判断され、事業用として認められました。

　しかし、船舶は運航記録簿や福利厚生としての利用規程もなく、接待や福利厚生の一環として使用された事実も確認できないので、事業用として認められず、「本件船舶の取得のために支出された金員については、××に対し経済的利益を供与したことになり、また、（…中略…）これは臨時的に支払われていることから、××に対する賞与と認定した原処分は相当である。」と判断されました。船舶の減価償却費も否認です。

　事例は変わりますが、個人的に購入したハワイの不動産など（10億円）が法人の架空原価に計上されていた事例（神戸地裁、平成15年1月24日判決）では役員賞与ではなく、役員貸付金として更正されています。10億円が認定賞与とされれば、多額の納税額になり、支払うことが大変であったという背景もあるものと思われます。

　このように、個人的に費消したものが法人で計上されている場合、どのような否認の形式になるかは確定的に言えない要素はありますが、正しい知識を持った上で国税と交渉していくことが重要です。

多くの人が誤解している・間違えているポイント

- ☑ 法人名義の固定資産が役員の個人的使用に供されている場合、認定賞与という指摘を受ける可能性があるが、これは国税不服審判所の裁決（平成24年11月1日）をベースに国税と交渉する。

- ☑ 税務調査に備え、誰が誰といつ利用したのかなどの運航記録簿、福利厚生としての利用規程と利用者管理簿、鍵の保管状況などを整えておく必要がある。

第 2 章

給与をめぐる税務

役員報酬の過大額の考え方

　役員報酬には「税務上の適正額」という考え方があり、これを「超えた部分」は過大額として損金不算入となります。では、この過大額はどのように考えていけばいいのでしょうか？

ポイント

①役員の職務の内容、②その内国法人の収益の状況、③その使用人に対する給与の支給の状況、④その内国法人と同種の事業を営む法人でその事業規模が類似するもの[※]の役員に対する給与の支給の状況、などにより過大額を判断することになります（法人税法施行令70条（過大な役員給与の額）1項1号イ）。

※基本的には、その法人の売上金額の2分の1～2倍の範囲で抽出します。これを「倍半基準」といいます。

解説

　過大役員報酬は上記のように判断するのですが、実際に①～④の判断をすることは非常に難しいことになります。①に関して主張する内容としては「（代表）取締役として、こんなに働いている。」、「こんな仕事もあんな仕事もやっている。」というものがあります。

　たとえば、裁決（平成29年4月25日）において、請求人（中古自動車の卸売業を営む法人）は「本件代表者の職務の内容は、広告宣伝、クライアントとの関係の構築、オークションでの落札の指示、クライアントからの注文の取得、クライアントからのクレームへの

対応、クライアントへの支払の催促など、請求人の事業全般にわた
るものであり、一般に想定される範囲を超えるものであることは明
らかであり、本件同業類似法人の代表取締役の職務の内容と比較し
て格別なものであるから、本件同業類似法人の代表取締役に対する
役員給与の最高額をもって、役員給与相当額ということはできない。」
と主張しました。

　しかし、国税不服審判所は「本件代表者の職務の内容は、上記(…
中略…)のとおりであるところ、請求人は(…中略…)中古自動車の卸
売業を営む法人であり、かかる法人においては、クライアントの獲得、
クライアントからの受注、中古自動車の落札及び販売を主な事業内
容として事業を継続していることに照らすと、本件代表者の職務の
内容は、当該事業内容に沿うものであって、中古自動車の卸売業を
営む法人の代表取締役として一般的に想定される範囲内のもの」と
判断し、請求人の主張を退けました。一般的には「代表取締役とし
てこんなに働いている」ということを根拠に①の主張をすることは
難しいでしょう。

　では、次に②～④の論点に移ります。具体的には、名古屋地裁（平
成8年3月27日判決）を取り上げていきましょう。まずは、この事
例は、取締役が1人（＝代表取締役）である有限会社（不動産の代理・
仲介業、A社）のものです。営業時間は午前9時から午後8時であり、
売上、役員報酬、所得金額の状況は下記のとおりです。

事業年度	平成元年3月期	平成2年3月期	平成3年3月期	平成4年4月期
売上	約1,803万円	約4,444万円	6,810万円	4,557万円
役員報酬	720万円	1,080万円	3,000万円	1,900万円
所得金額	▲約70万円	約20万円	▲6万3千円	▲約80万円

　この中の平成3年3月期の役員報酬3,000万円が問題になりました。この状況の下、国税は税務調査において同業類似法人5社を選定し、1,800万円が適正額であるとして、過大部分を損金不算入と更正したのでした。これが争いになり、名古屋地裁は下記と判断しました。

● 平成3年3月期の売上：対前期比で約1.53倍であった（同業他社の売上の状況は対前期比1.56倍、業界的に同じような状況であったと言えます。）

● A社の平成3年3月期の従業員給料総額：同業他社の平均値とほぼ同じ※

● A社の平成3年3月期の従業員給料最高額：同業他社の最高額の平均値の約1.34倍※

※この2つから言えることは、従業員の給料は同業他社と大差はないということです。

● A社の社長の平成3年3月期の役員報酬：同業他社の平均値の約2.53倍

　　→A社の社長の平成2年3月期の役員報酬：同業他社の平均値の約1.32倍

● 同業他社の役員報酬の最高額：1,500万円

　この状況の下、名古屋地裁は「適正な役員報酬額は前期の役員報酬額の1.53倍（1,652万4,000円）を超えることはない」と判断したのでした。

　名古屋地裁判決（平成6年6月15日）、国税不服審判所の裁決（平成9年9月29日、平成29年4月25日）などでも同様に倍率での比較がされています。

　会社に利益が出ることが分かっている状況ならば、社長や同族役員の役員報酬を上げたくなる心情は十分に理解できます。ただし、税法上は上記①～④などにより、役員報酬が過大か否かを判断する

ことになります。「役員報酬を増額したから否認される」という旨は①～④には書いてありません。「役員報酬を増額した結果、法人が黒字だから認められる、赤字だから認められない」とも書いていません。だから、増額しようが、減額しようが、前期と同額だろうが、法人が黒字だろうが、赤字だろうが、結果として支払っている役員報酬が①～④などに照らし、過大か否かが判断されるのが「本来の考え方」です。

　しかし、実際の税務調査の現場ベースの話をすれば、「大きく上げた際に否認リスクが高まる」というのも事実です。この話を「高額な役員報酬をもらっている社長」にお話しすると、「『法人の税率＜個人の税率』という状況になっている。役員報酬を減らしたら法人の利益は増えるが、『減った個人の税金＞増えた法人の税金』となり、むしろ高い税金を払っている訳だから否認されないのではないか？」とお話しされることがあります。

　しかし、「多額の所得税・住民税を払っている＝過大にはならない」とは、①～④のどこにも書いていないのです。実際、有名な残波事件（東京地裁判決（平成28年4月22日、納税者敗訴[※]）、東京高裁判決（平成29年2月23日、納税者敗訴）、最高裁判決（平成30年1月25日、上告不受理））でも、同族役員4名で数億円の役員報酬をもらいながらも法人は黒字だった状況で、「役員報酬は過大」という結論が出ています。

※過大役員退職給与に関しては納税者勝訴で確定

　私は「役員報酬を上げてはいけない」と言っている訳ではありません。その判断を慎重にしないと、否認されるリスクがあることをお伝えしたいのです。これが否認されてしまうと、「〇円という業績ならば、あなたの適正な役員報酬は〇円です」と国税から「お墨付き」をもらったことになってしまいます。そうなると、否認された役員報酬の額をもらうためには、会社の業績が一定額以上になるなどの状

況が必要になってしまう訳です。しかし、それがなかなか難しい状況であることも多い訳です。だから、役員報酬を（大きく）上げたいならば、いい塩梅で上手に上げる必要があるのです。この辺りの判断は個別の状況によるので、一概には言えませんが、たとえば、「今期は契約も決まっていて業績が良いことが分かっているから、役員報酬を上げよう」ということにはリスクもあるのです。

多くの人が誤解している・間違えているポイント

☑ 役員報酬を増額しても法人が黒字であれば否認されないという考え方はない。

☑ 役員報酬を増額した結果、支払う税額が所得税及び住民税という形式で増えているので、税務調査で否認されることはない、という考え方もない。

事例
02

役員報酬の増額と
役員退職給与の関係

　役員退職給与の増額などを目的として、退職前の数年間で役員報酬の増額をしていくことがあります。この場合、どのようなことに注意をしなければならないでしょうか？

　役員退職給与の計算は「最終報酬月額×在任年数×功績倍率」で計算されることが多いため、役員退職給与を増やす目的で退職予定の数年前から役員報酬を増額するケースがあります。しかし、そのタイミングでの役員報酬の増額は税務調査で否認される可能性があります。

解説

　最終報酬月額という特別なものが存在する訳ではなく、退職時の役員報酬の月額が最終報酬月額であるだけです。そのため、最終報酬月額が適正か否かの判断基準は「事例01　役員報酬の過大額の考え方」と同様です。

　ただし、退職前数年間における役員報酬の増額は役員退職給与を増やす目的で行われただけで、合理的な増額ではないという指摘を受ける可能性もあります。では、これが問題になった具体的事例を2つ見てみましょう。大分地裁（平成20年12月1日判決）と大分地裁（平成21年2月26日判決）です。

　これらの事例の興味深い点は同じ方（代表取締役A）が亡くなっ

て問題になった事例にもかかわらず、前者の裁判では退職前数年間の役員報酬の増額が否定され、後者の裁判では認められた点です。同じ方の事例なので、当然、死亡退職に至るまでの病状、入退院の状況などは同じです。そうであるにもかかわらず、役員報酬の増額に関する判断が分かれているのです。

　個別に見ていきましょう。前者の判決では「平成13年3月期：月額130万円　→　平成14年3月期：月額150万円　→　平成15年3月期：月額200万円※」という増額の流れになっていました。
※平成14年8月16日に死亡

　法人はこの200万円を最終報酬月額とし、「200万円×16年（在任年数）×功績倍率3.5＝1億1,200万円」と役員退職給与を計算したのでした。しかし、これが税務調査で問題になったのです。

　ちなみに、この会社の業績などは次のとおりでした。

事業年度	平成12年3月期	平成13年3月期	平成14年3月期	平成15年3月期
売上	8億8,635万8,592円	9億6,390万8,111円	8億1,328万2,153円	6億5,643万4,386円
売上総利益	2億9,776万9,303円	3億1,470万3,650円	2億6,785万0,033円	1億9,803万0,329円
使用人給与	1億3,231万3,605円	1億3,310万6,474円	1億1,956万4,687円	1億1,461万5,839円
使用人の人数	43人	46人	42人	38人
使用人1人当たりの給与の額	307万7,061円	289万3,619円	284万6,778円	301万6,206円

　この状況を踏まえ、大分地裁は次のとおり判断したのでした。

● 代表取締役の病状は次のとおりであった。

　・平成12年1月：肺がんで入院して手術（入院中は電話等を使いながら職務遂行）、その後は抗ガン剤投与のため2、3週間入

院

・平成 14 年 3 月頃：大腸がんであることが判明

・平成 14 年 5 月下旬：いったん退院

・平成 14 年 6 月上旬：再入院

・平成 14 年 8 月 16 日：死亡

● A の職務内容は平成 12 年 1 月以降、闘病及び入院しての職務遂行のため、従前より減少していた。

● 法人の収益状況について

各年度の売上金額及び売上総利益の額を前年度と比較すると、次のとおりである。

事業年度	平成 13 年 3 月期	平成 14 年 3 月期	平成 15 年 3 月期
売上	108.7%	84.4%	80.7%
売上総利益	105.7%	85.1%	73.9%

平成 12 年 3 月期から平成 13 年 3 月期にかけては売上金額等が微増していたものの、平成 13 年 3 月期から平成 14 年 3 月期にかけては減少し、平成 14 年 3 月期から平成 15 年 3 月期にかけてはさらに減少している。

● 使用人に対する給料の支給の状況

・平成 12 年 3 月期から平成 15 年 3 月期における使用人給与の額、使用人の人数、使用人 1 人当たりの給与の額は、全体的にはほぼ横ばい。

・平成 13 年 3 月期から平成 15 年 3 月期の使用人に対する最高給与支給額もほぼ横ばい。

● 類似法人の役員報酬の状況につき、比準報酬月額は 123 万 4,885 円、121 万 6,108 円となる。

● 平成 12 年 1 月の入院以降の A の職務内容は従前と比べて減少し

ていたと認められるから、<u>その間に業績が上昇する等の特段の事情がない限り</u>※、入院以降に役員報酬額が上昇する合理的な根拠は認め難い。

※逆に言えば、業績が上昇する等の特段の事情があれば増額が認められた可能性があったということです。

● 法人の平成 12 年 3 月期から平成 13 年 3 月期にかけての売上金額、売上総利益はいずれも微増したにすぎず、平成 13 年 3 月期から平成 15 年 3 月期にかけては明らかな減少傾向であったから、そこに役員報酬額が上昇する特段の事情は認められない。

● 平成 12 年 3 月期から平成 15 年 3 月期までの使用人に対する給料の支給状況及び平成 13 年 3 月期から平成 15 年 3 月期までの使用人最高給与額はいずれもほぼ横ばいであったことに照らしてみても、入院以降の事業年度（平成 13 年 3 月期）の結果が反映する平成 13 年 4 月以降に役員報酬額を上昇させる合理的な根拠はない。

● このことは、類似法人の比準報酬月額が 123 万 4,885 円、121 万 6,108 円であることからも確認できる。

● A の適正役員報酬月額は平成 13 年 3 月時点の役員報酬月額 130 万円である。

このように判断され、「増額前の 130 万円× 14 年（16 年を乗じたのは納税者のミス）× 3.5=6,370 万円」が適正な役員退職給与と判断され、これを超える部分は過大役員退職給与となりました。役員報酬についても差額部分は過大額として否認されました。

一方で、同じ A（別の関係会社の代表取締役）が死亡退職した事例（大分地裁、平成 21 年 2 月 26 日判決）では、役員報酬の推移は次のとおりでした。

● 昭和 60 年頃から平成 11 年 3 月までの間：月額 150 万円

● 平成 11 年 4 月以降：月額 120 万円に引き下げ

● 平成 13 年 4 月以降：月額 88 万円に引き下げ

● 平成 14 年 4 月以降：月額 150 万円に増額（平成 14 年 4 月から
　8 月までの 5 か月間の役員報酬 750 万円を平成 15 年 3 月期の損
　金の額に算入。平成 14 年 8 月 16 日に死亡。）

　ただし、こちらの事例では大分地裁は最終報酬月額を 150 万円と
判断しました。ちなみに、国税は大分税務署管内の法人から同業種
の事業規模が類似する法人を 12 社抽出し、「136 万 7,690 円が適
正役員報酬である」と主張しましたが、これは認められませんでした。

　大分地裁が役員報酬の増額を認め、最終報酬月額は 150 万円で
問題ないとした理由は次のとおりです。

● 平成 13 年 4 月に A の役員報酬が月額 88 万円に減額された理由
　は大口取引先との取引終了による売上減少とそれに伴うリストラ
　により従業員を削減したことの責任を明確にするためであった。

● 遅くとも平成 14 年 3 月期末頃には従業員削減等のリストラは終
　了。

● 購入した賃貸用不動産による売上の増加額は平成 14 年 3 月期だ
　けでも約 4 千万円に上った。

● 平成 15 年 3 月期も安定した不動産収入及び運送収入の増加が見
　込まれていた。

● 実際に平成 15 年 3 月期の売上高や売上総利益は増加し、申告所
　得も 6 千万円を超え、役員報酬を 120 万円に下げた平成 11 年 4
　月頃より約 3 千万円増加し、営業利益及び経常利益も前期の赤字
　から 3 千万円を超す黒字へと改善

● 前期の成績を参考としつつ次期の利益の推移も予想して役員報酬
　を決定していた法人において、経営責任明確化のための報酬減額
　を解消して、直前の月額 120 万円に戻すのみならず、平成 11 年

3月以前の15年近くにわたって維持されていた月額150万円の報酬へ増額したとしても、業績の点からは必ずしも不合理であるといえない。

● Aは平成14年3月頃に入院してから同年8月まで入退院を繰り返しており、入院前と同様の職務を行うことが困難な状況であったことは窺われ、この点から国税は「Aの職務実績と無関係の増額を不合理である」と主張するが、Aは平成12年にも1月から3月まで肺がんの手術のため入院し、その後も入退院を繰り返していたが、当時、Aの病気療養を理由にした報酬の減額はなされていないことからも、元々、この法人においては、Aの報酬額はもっぱら会社の業績を参考にして決められていたことが窺われる。

● Aが末期がんであることが判明したのは大腸がんとの検査結果が出た平成14年4月20日過ぎ頃よりさらに後の開腹手術が実施された後のことであり、報酬増額の時点で、Aの職務復帰の可能性がないことが明らかであったということはできない。

● 国税は「関連会社（既出の大分地裁（平成20年12月1日判決）で問題になった会社）と同時に報酬増額がなされたことを不合理」と主張するが、関連会社とは業種や業績、増額理由も異なっており、仮に関連会社における増額が不合理であったとしても、この法人における増額までもただちに不合理といえるものではない。

● 他の役員の報酬は改定されない中でAの報酬のみが増額されているが、業績が悪化した間も従業員給与や他の役員の報酬に大した変動もなく、Aの報酬のみが法人の業績を強く反映して突出して減少していたことからすれば、業績の好転見込みを反映してAのみが報酬を増額されたとしても不合理ということはできない。

● 平成14年にAの役員報酬月額が増額されたことについて合理的理由がないということはできない。

同じ人が亡くなった事例であるにもかかわらず、退職前数年間における役員報酬の増額の是非の判断が分かれた理由は「上げた理由、背景、結果としての最終報酬月額が合理的な金額（適正な金額）だったか？」ということです。

　これらの事例からも言えることは「裁判等で最終的に認められるか否かは別問題として、退職前数年間での役員報酬の増額はリスクがある。」ということです。たとえば、65歳で退職する予定にもかかわらず、60歳時点から段階的に増額することはリスクがあるということです。もちろん、退職前に一気に上げることも同様です。

　なお、この話をすると「最終報酬月額として、過去の最高額や平均額を採用しても問題ないか？」という質問をいただくことがあります。ただし、東京高裁（平成元年1月23日判決）その他でも示されているとおり、「役員の最終報酬月額は、特別な場合を除いて役員の在職期間中における最高水準を示すとともに、役員の在職期間中における会社に対する功績を最もよく反映しているもの」となるので、過去の最高額や平均額を採用する場合、問題が発生する可能性はあります。国税不服審判所の裁決（平成23年5月25日）においても、国税は「最終報酬月額は役員在任中における最高水準を示し、法人に対する功績を最もよく反映するもの」と主張しています。

　それから、最終報酬月額に乗じる在任年数ですが、大半の場合、25年3か月間のように1年未満の端数が出ます。これをどのように処理するか（どのように役員退職慰労金規程に定めるかなど）ですが、数々の事例において「1年未満の端数は切り上げて問題ない」と判断されています。

■ 平成5年6月29日高松地裁

　平均功績倍率法を適用する場合の在職年数は、判定法人の業務に従事した期間とすべきであるところ、Aが取締役として在

職した期間は1年6か月であるから、端数月を切り上げて、在
職年数を2年とするのが相当である。

■ 平成16年6月15日裁決

　納税者及び国税は、役員の在職年数について、年未満の端数
を切り上げ××としており、当審判所においてもそれを不相当
とする理由はない。

■ 平成27年6月23日裁決

　当審判所は、勤続年数については、1年未満の端数は切り上
げ、また、功績倍率の小数点以下については、小数点第3位以
下を切り上げて算定するのが相当であると認める。

　また、在任年数ではなく、退職所得控除の話になりますが、「勤続
年数に1年未満の端数があるときは、たとえ1日でも1年として計
算します。」と国税庁のホームページにも明記されています。在任年
数の1日に関して明記されたものはありませんが、同様と考えて問
題ないでしょう。なお、在任年数に関しては次問で別の事例を取り
上げます。

多くの人が誤解している・間違えているポイント

☑ 役員を退任する前の数年間で役員報酬を増額し、これを
最終報酬月額として採用することは税務調査で問題にな
る可能性がある。

☑ 過去の最高額や平均額を採用しても問題ないというルー
ルはない。

役員退職給与の計算における在任年数の考え方

　裁決や判決などの事例を見ていると、法人が採用した在任年数と国税や裁判所が認定した在任年数に差異が生じることがあります。これは単に納税者がミスしているケースもあるのですが、これが争いになった事例をみていきましょう。

───── ポイント ─────

　退任した取締役が再度、取締役に就任した場合は在任年数をどう考えるのか？ということが問題になることがあります。この場合、その退任した経緯などの事実関係を精査し、判断することが必要です。

解説

　過大役員退職給与の計算において、「役員としての在任年数は何年か？」ということが争点の１つになった事例（東京地裁・令和２年３月24日判決）があります。納税者をＡ社とします。

○　Ａ社が役員退職給与を払った際の計算：25年

○　国税不服審判所
・Ａ社の主張：26年
・国税の主張：26年
・国税不服審判所の判断：10年

○ 東京地裁
・A社の主張：26 年
・国税の主張：10 年
・東京地裁の判断：17 年

　なぜ、このような状況になったかというと、今回問題になった元取締役は次の状況だったからです。
○ 昭和 62 年 4 月 25 日：法人設立、代表取締役に就任
○ 平成 8 年 3 月 9 日：代表取締役及び取締役を引責辞任（この際、役員退職給与の支給はなし）
○ 平成 15 年 11 月 13 日：取締役に再就任
○ 平成 24 年 12 月 25 日：辞任
　そこで、国税は東京地裁において、「平成 15 年の再就任から平成 24 年の辞任までの 10 年」と主張したのでした。しかし、A社は「昭和 62 年の設立から平成 24 年の辞任までの 26 年」と反論しました。
　そして、東京地裁は「平成 8 年から平成 24 年までの 17 年」と判断しました。この根拠は役員から外れていた「平成 8 年から平成 15 年の期間」も「継続して決算書や申告書の修正の指示や承認」、「顧問税理士とのやり取り」、「メインバンクとの融資に関する交渉、毎年の決算報告の説明」、「A社の年度の予算を作成」、「予算と実績と比較し、現代表取締役や従業員に対し、改善の指示」、「3 度にわたるA社の事業拡大の場面において、購入等の意思決定」という業務に関与していたからです。
　ちなみに、平成 8 年に辞任し、平成 15 年に再就任するまでの期間において、問題になった元取締役は株式の保有はしていませんでしたが、東京地裁は「みなし役員」と判断した訳です。ちなみに、上記年数はいずれも「1 年未満切上げ」で計算されています。

判決文

　役員退職給与適正額の算定における平均功績倍率法、1年当
たり平均額法等において用いられるべき退職役員の勤続年数
は、原則として、役員の在任期間と一致するものであるが、そ
の法人内における地位や行う職務等からみて、その者が他の役
員と同様に実質的に法人の経営に従事している期間があった場
合には、当該期間も通算し勤続年数を算定すべきである。

　イ　（ア）認定事実イないしオの各事実によれば、本件元取締
役は、本件役員退任期間において、[1]継続して原告内部にお
ける決算書や申告書の修正の指示や承認を行い、原告の税務申
告業務に関与していた税理士とのやり取りや、原告のメインバ
ンクである××銀行との間で原告が受ける融資に関する交渉及
び毎年の決算報告の説明を行うなど、原告の経理面の重要な業
務に関する行為を行っていたほか、[2]継続的に、原告の年度
の予算を作成し、実績と比較等した上で原告代表者や原告の従
業員に対し改善の指示をするなど、原告の予算管理に係る行為
も行っていたものであり、さらに、[3]×××農場及び××牧場
の各購入並びに×××牧場の新設稼働という三度にわたる原告
の事業拡大の場面において、それぞれ、購入等の意思決定を行
うとともに、資金の借入れの実現のため交渉等を行っており、
原告の重要な経営判断やその実務処理に実質的に参与したとい
える。そうすると、本件元取締役は、本件役員退任期間において、
上記[1]及び[2]のとおり、継続的に、原告の経理や予算管理
に係る業務を担っていたということができ、さらに、本件役員
退任期間の中では散発的に行われたものではあるものの、上記
[3]にみたとおり本件元取締役が原告の重要な経営判断やその
実務処理に実質的に参与したことがあったことも併せ勘案すれ

ば、本件元取締役は、本件役員退任期間において、継続して、実質的に原告の経営に従事していたと認めるのが相当であり、本件役員退職給与適正額の算定における平均功績倍率法、１年当たり平均額法等において用いられるべき本件元取締役の勤続年数には本件役員退任期間も通算されるべきである。（…中略…）

次に、本件役員退職給与適正額の算定における平均功績倍率法、１年当たり平均額法等において用いられるべき本件元取締役の勤続年数に、昭和 62 年 4 月 25 日から平成 8 年の退任までの期間も通算されるべきかについて検討する。（…中略…）

本件元取締役の平成 8 年の退任は、当時、××が原告の取締役としての職務遂行上複数の問題を生じさせ、原告の取引先から××の職務遂行に問題がある旨の指摘がされるに至った中で、当該状況の解決策として、自身を含む当時の原告の取締役が全員辞任する方針の下、行われたものであった。取締役が全員辞任するという解決策が採られた点をみても、××が生じさせたという複数の問題は相応に重大なものであったとうかがわれ（この点について、本件元取締役は、陳述書にて「重要な問題」と表現し、証人尋問においては、刑事事件にもなり得るものであった旨証言している。）、本件元取締役が、証人尋問において、自身にも一定の責任を負うべき事情があった旨の証言をしていることも踏まえれば、平成 8 年の退任は、本件元取締役にも上記の問題の発生に関する一定の責任が存在することを前提に、その責任を取る趣旨を含め行われたと評価されるべきものといえる（なお、本件元取締役は、証人尋問において、××以外の取締役も職務遂行上の問題を生じさせており、それらも不問とする趣旨もあったことをうかがわせる証言もしている。）。

そして、平成 8 年の退任に当たって本件元取締役に退職給与は支給されなかった。以上にみた平成 8 年の退任の経過等に鑑

みれば、平成8年の退任に当たり本件元取締役に退職給与が支給されなかったのは、本件元取締役の原告に対する平成8年の退任までの間の功績を前提としてもなお、上記の一定の責任の存在により、本件元取締役に対して支給すべき役員退職給与が存在しない（零円である）との評価を前提としたものであるとみるのが相当であるから、平成8年の退任までの間の本件元取締役の原告に対する功績については、平成8年の退任の際に既に評価し尽されて清算されたものと認められる。したがって、本件役員退職給与適正額の算定において、平成8年の退任までの間の勤続年数を考慮することはできないというべきである。

少し特殊な要素を含む事例ではありますが、「取締役として登記されていない期間において、「株主ではない人」が経営や重要な業務に関与していた場合、その期間を在任年数に加えることができるか？」という判断においては、参考になる要素があります。ぜひ、1つの事例として、覚えておいて頂ければと思います。

多くの人が誤解している・間違えているポイント

☑ いったん辞任し、再度の就任をした取締役の在任年数は事実関係も精査した上で、慎重に判断する必要がある。

☑ 前回の辞任時に役員退職給与の支給を受けていない場合でも、在任年数を通算できない可能性があるので、要注意。

事例
04

過大役員退職給与の「過大」の考え方

　「役員退職給与が過大」と否認されることがありますが、その理由の1つに功労金加算があります。「優良企業または創業者社長などであれば、功労金加算30％は認められる」という誤解がされていることもあります。これはどのように考えればいいのでしょうか？

ポイント

　功労金加算は功績倍率に含まれる概念なので、平均的な功績倍率を乗じた上で功労金加算をすれば、平均功績倍率で計算した意味を失い、過大役員退職給与と否認される可能性が出てきます。

解説

　法人税法34条（役員給与の損金不算入）第2項では「内国法人がその役員に対して支給する給与（前項又は次項の規定の適用があるものを除く。）の額のうち不相当に高額な部分の金額として政令で定める金額は、その内国法人の各事業年度の所得の金額の計算上、損金の額に算入しない。」と定めています。これを受けた政令として、法人税法施行令70条（過大な役員給与の額）1項二号では「内国法人が各事業年度においてその退職した役員に対して支給した退職給与（法第34条第1項又は第3項の規定の適用があるものを除く。以下この号において同じ。）の額が、当該役員のその内国法人の業務に従事した期間、その退職の事情、その内国法人と同種の事業を営

69

む法人でその事業規模が類似するものの役員に対する退職給与の支給の状況等に照らし、その退職した役員に対する退職給与として相当であると認められる金額を超える場合におけるその超える部分の金額」と定めています。

　そのため、①当該役員のその内国法人の業務に従事した期間、②その退職の事情、③その内国法人と同種の事業を営む法人でその事業規模が類似するものの役員に対する退職給与の支給の状況等を総合的に勘案し、「不相当に高額」である場合にその部分の額が損金不算入になるという考え方です。「不相当に高額」ということは「多少、高額」という意味でなく、「非常に高額」という意味です。

　この過大判定がされる要素の1つに功労金加算があるのです。そして、創業者社長であれば、優良企業であれば、会社の発展に特に功労があったならば、役員退職慰労金規程に書いてあれば、功労金加算はしても問題ないという「誤解」があります。しかし、そんなことは全く言えません。

　1例として、大分地裁（平成21年2月26日判決）を挙げましょう。この裁判において大分地裁は「創業者として好業績の法人である原告を維持発展させたAの功績は【極めて】大きい」と認めています。

　これは昭和43年から平成14年の死亡退職に至るまで代表取締役を務めあげた方の事例です。利益率は同業種・類似規模の法人の中では突出して高く、売上総利益率は比較法人（12社）の平均の2倍以上、退職前10年間は毎年平均4,500万円程度の所得、という状況でした。大分税務署管轄の法人でこの数字なので、「地元の名士」と呼ばれている方でしょう。

　しかし、大分地裁は功労金加算（約30％、約6,000万円）を全額否定しています。もう少し詳細に書くと、裁判所が認定した役員退職給与の適正額は「150万円×37年×3.5＝1億9,425万円」です。しかし、実際に法人が支払った額は2億6,100万円（退職慰

労金：150万円×38年（本来は37年、計算ミス）×3.5＝1億9,950万円、功労金：5,985万円、特別功労金165万円）となっていました。

　ちなみに、この会社の役員退職慰労金規程には下記の旨が定められていました。

○　第5条：特に功績顕著と認められる役員に対し上記算定額の30％の範囲内で功労金を支給する。

○　第6条：会社創立再建等格別の時期に具体的功労があり、功績顕著と認められる者について同範囲内で特別功労金を支給することがある。

　だから、創業者社長であろうが、優良企業であろうが、会社の発展に特に功労があろうが、役員退職慰労金規程にどう書いてあろうが、平均的な功績倍率を乗じた上で功労金加算をすると、過大役員退職給与と否認される可能性が出てくるのです。

　もちろん、功労金は功績倍率に「含まれる」概念なので、平均的な率よりも低い功績倍率を乗じれば、一定の功労金加算はしても問題になりにくいということです。功績倍率は常に「功労金加算も含めて」考えるものなのです。たとえば、功績倍率2.0を乗じて、功労金加算30％をしたら、功績倍率2.6を乗じているのと同じということです。功績倍率3.0を乗じて功労金加算30％をしたら功績倍率3.9、功績倍率3.5を乗じて功労金加算30％をしたら功績倍率4.6を乗じているのと同じなのです。

　東京地裁（平成25年3月22日判決）で「同業類似法人の抽出が合理的に行われる限り、役員退職給与の適正額を算定するに当たり、これを別途考慮して功労加算する必要はないというべきであって、同業類似法人の抽出が合理的に行われてもなお、同業類似法人の役員に対する退職給与の支給の状況として把握されたとはいい難

いほどの極めて特殊な事情があると認められる場合に限り、これを別途考慮すれば足りるというべきである。」と判断されていることからも分かるとおり、「極めて特殊な事情」ということは「ほとんどあり得ない事情」ということです。そのくらいの特殊性のある事情がある場合は別途の功労金加算をしても問題ないということなのです。

しかし、保険会社のホームページやパンフレットなどを見ていると、一般の方だけでなく、保険営業パーソンにも誤解を与えているケースがあります。保険代理店の社長から「営業職員として生命保険会社に在籍していた時代に『創業者社長や優良企業であれば、功労金加算は可能』と教えられました。」と聞いたこともあります。

だから、みなさんに「間違った情報」が伝えられることも想定されます。ここはご注意ください。

多くの人が誤解している・間違えているポイント

☑ 功労金は功績倍率に含まれる概念であるので、平均的な功績倍率を乗じた場合で功労金加算をすると、過大役員退職給与と否認される可能性が出てくる。

☑ 創業者社長であろうが、優良企業であろうが、会社発展に特に功労があろうが、役員退職慰労金規程にどう書いてあろうが、この考え方は同じである。

事例 05 分掌変更による役員退職給与と役員報酬の関係

分掌変更後に役員報酬を支給する場合は分掌変更前の半分以下にしなければならないと誤解されているケースがありますが、そうではありません。この分掌変更前後の役員報酬の減額はどのように整理しておくべきなのでしょうか？

ポイント

法人税基本通達9－2－32（役員の分掌変更等の場合の退職給与）に示されている3項目はあくまでも例示であり、要件ではありません。そのため、3つ目の「給与が激減（おおむね50%以上の減少）」という状況ではなくても、分掌変更の実態が整っていれば、問題ありません。ただし、税務調査では指摘される可能性があるので、適正に反論することが重要です。

解説

以前、ある社長から「数年前、妻が非常勤取締役になり、役員報酬の月額を20万円に下げた（常勤取締役が非常勤取締役になったことによるものであり、当時、役員退職給与は支払っていない）。今回、非常勤取締役から非常勤監査役になり、役員退職給与を支払うことにした。顧問税理士から「月額20万円の役員報酬を10万円に下げないと、税務調査で否認される」と言われているがこれは本当なのでしょうか？」というご質問をいただきました。

最初に結論を言ってしまいますが、その顧問税理士のアドバイスは「不正解」です。確かに、法人税基本通達９－２－32には①常勤役員が非常勤役員になった場合、②取締役が監査役になった場合、③退任後の給与が激減（おおむね50％以上の減少）の場合は役員退職給与を支払うことができる旨が記載されています。

法人税基本通達９－２－32（役員の分掌変更等の場合の退職給与）

　法人が役員の分掌変更又は改選による再任等に際しその役員に対し退職給与として支給した給与については、その支給が、例えば次に掲げるような事実があつたことによるものであるなど、その分掌変更等によりその役員としての地位又は職務の内容が激変し、実質的に退職したと同様の事情にあると認められることによるものである場合には、これを退職給与として取り扱うことができる。

(1) 常勤役員が非常勤役員（常時勤務していないものであつても代表権を有する者及び代表権は有しないが実質的にその法人の経営上主要な地位を占めていると認められる者を除く。）になつたこと。

(2) 取締役が監査役（監査役でありながら実質的にその法人の経営上主要な地位を占めていると認められる者及びその法人の株主等で令第71条第１項第５号《使用人兼務役員とされない役員》に掲げる要件の全てを満たしている者を除く。）になつたこと。

(3) 分掌変更等の後におけるその役員（その分掌変更等の後においてもその法人の経営上主要な地位を占めていると認められる者を除く。）の給与が激減（おおむね50％以上の減少）したこと。

　（注）　本文の「退職給与として支給した給与」には、原則として、
　法人が未払金等に計上した場合の当該未払金等の額は含まれな
　い。

　確かに、この通達には「退任後の給与が激減（おおむね50％以
上の減少）の場合」というケースが書かれています。ただし、これ
は本文中に「例えば次に掲げるような事実があったことによるもの
であるなど」とも書かれているとおり、上記3つはあくまでも「例」
であり、「要件」ではありません。
　実際、長崎地裁（平成21年3月10日判決）では、次のとおり、
示されています。

> 判決文
> 　本件通達が退職給与として支給した給与を、法人税法上の退
> 職給与として取り扱うことができる場合として掲げている事実
> は、その文言からも明らかなとおり、【例示】であって（…中略…）
> 役員としての地位又は職務の内容が激変し、実質的に退職した
> と同様の事情にあると認められる場合には、その際に支給され
> た給与を退職給与として損金に算入することが認められるべき
> である。

　だから、退任後の役員報酬を半分以下にしないと、役員退職給与
が否認される訳ではないのです。実際、上記の長崎地裁の判決では、
「非常勤取締役としての役員報酬：月額20万円」、「非常勤監査役と
しての役員報酬：月額20万円」という状況でありながら、長崎地
裁は「問題ない」と判断しました。
　具体的には、「非常勤監査役としての報酬をさらに低額にすること
は困難」、「非常勤取締役としての貢献と、非常勤監査役としての貢

献が同額の報酬をもって評価されることはあり得る」、「役員報酬に変化がないことにより、地位・職務の内容が激変していないということはできない」となっています。

しかし、国税は裁判の中で、次のように主張しています。

判決文
　　監査役就任後も取締役からの報告及び税理士事務所からの報告を随時受け、会計監査を行い、決算時には取締役会に対して監査報告を行うなど、引き続き重要な職務に従事しており、監査役就任直前の非常勤取締役当時と同額の報酬を得ている。

だから、税務調査において問題になる可能性はありますが、「正しい考え方」としては、「半分以下にすることはマストではない」となるのです。この辺りを誤解している方も多いので、ご注意ください。

なお、上記通達の(2)のかっこ書きで「監査役でありながら実質的にその法人の経営上主要な地位を占めていると認められる者及びその法人の株主等で令第71条第1項第5号《使用人兼務役員とされない役員》に掲げる要件の全てを満たしている者を除く。」とあるので、この要件を満たしている監査役は分掌変更により役員退職給与の支給を受けることができないと誤解している方もいるようですが、それは間違っています。上記の長崎地裁の中でも国税も次のとおり間違った主張をしています。

判決文
　　丙は、同族会社である原告の100％の株式を保有する第1順位の株主グループに属する者であって、平成16年6月期における丙自身の持株割合も12％に達しているから、法人税法施行令71条1項4号の要件をすべて充足し、本件通達(2)の括弧内

で適用が除外されている使用人兼務役員とされない役員に該当する。したがって、このような同族会社の大株主は、その会社の経営の中枢にあって、経営上主要な地位を占めており、取締役から監査役になったとしても、独立した機関としての監査役の本来の機能は期待できず、その地位又は職務の内容が激変したとは認め難いから、実質的に退職したと同様の事情にあるとはいえない。

しかし、長崎地裁は国税の主張につき、次の判断をしています。

判決文

　丙は、平成16年6月期を含む本件各事業年度を通じて原告の発行済株式総数のうち12%の株式を有しており、法人税法施行令71条1項4号の要件のすべてを満たし、使用人兼務役員とされない役員に該当する。そして、本件通達によれば、そのような者が取締役から監査役になったときは、取締役の退任に伴い支給された給与を退職給与として取り扱うことができる場合から除外されている。

　しかしながら、本件通達が退職給与として支給した給与を、法人税法上の退職給与として取り扱うことができる場合として掲げている事実は、その文言からも明らかなとおり、【例示】であって、結局は(…中略…)役員としての地位又は職務の内容が激変し、実質的に退職したと同様の事情にあると認められる場合には、その際に支給された給与を退職給与として損金に算入することが認められるべきである。

　それから、話は少し変わりますが、「退任後の役員報酬を半分以下にすれば、役員退職給与の支給を受け、経営に携わることができ

る」という誤解されている方もいますが、そうではありません。あくまでも、役員退職給与の支給を受けるということは基本通達にもあるとおり、「実質的に退職したと同様の事情にある」ことが前提なのです。「肩書きは残っているが、辞めたのと同じ状況が必要」ということです。天皇陛下が上皇陛下になられた際に「すべてのご公務から解放された」と報道されていましたが、同じような状況は分掌変更による役員退職給与の支給をする場合にも必要なのです。この点も併せて覚えておいてください。

多くの人が誤解している・間違えているポイント

☑ 分掌変更後の役員報酬は半分以下にすることは絶対的な要件ではない。

☑ 基本通達に記載されている事項はあくまでも例示なので、役員報酬を半分以下にすれば、役員退職給与の支給ができる訳ではない。

事例
06

生命保険と役員退職給与の関係

　令和元年度の保険税務に関する税制改正でいわゆる節税保険はなくなりました。では、今後は損金計上によって利益を繰り延べて、解約返戻金を役員退職給与に充てる効果はなくなってしまったのでしょうか？

　【一定の条件下】での解約返戻率を前提にした場合、利益を繰り延べた結果の解約返戻金を役員退職給与に充てる税効果はなくなりました。ここを誤解している方も多く、生前に役員退職給与を支給する前提として生命保険契約に加入するならば、注意が必要です。

解説

　私は生命保険会社での研修講師を務めさせて頂くことも多いですが、保険会社から「保険代理店が保険料の損金算入（課税の繰延べ）の『本当の意味』を理解していない。」、「損金算入（課税の繰延べ）と役員退職給与の準備の関係を解説して欲しい。」という要望が入ることがあります。実際、過去に何度も保険会社の代理店向け研修でこの話をしてきました。そして、税理士でもこの「本当の意味」を理解していない方が多いと感じています。

　1つの事例を挙げますが、下記の条件とします。

〇 毎期の利益（＝増えるお金）：100

○ 年払保険料：80

○ 10年間支払って解約

○ 最高解約返戻率：85％

○ 法人税などの税率：30％

　最高解約返戻率が85％ですから、「保険期間の開始日から保険期間の前半40％の期間」においては保険料の40％が損金になる生命保険です。この前提で「保険に加入しない場合」と「保険に加入した場合」の比較をしてみましょう。

○ 生命保険に加入しない場合

・100 ×（1 － 30％）× 10年＝700（退職金原資）

・700のお金を役員退職給与として払えば、損金700が計上。

○ 納税も加味して支払える最大額の保険料（80）で役員退職給与の準備をした場合

・利益：100 －（80 × 40％）＝ 68

・納税：68 × 30％＝ 20．4

　※ 100のお金に対し、80の保険料を支払い、20の納税をしているので、この時点で「お金は0」になっており、これを10年繰り返し、解約します。

・解約返戻金：80 × 10年間× 85％＝ 680（退職金原資、これを役員退職給与として払うと資産計上額（60％）が損金になる）

・資産計上額：80 × 10年間× 60％＝ 480（この額が損金になる）

　これをまとめると「最高解約返戻率：85％（保険料のうち40％が損金になる生命保険）」ということを前提にした場合、次のとおりになる訳です。

○ 生命保険に加入しない場合

・準備できる退職金原資：700

・役員退職給与の支払時の損金額：700

○ 生命保険に加入した場合（最高解約返戻率85％）

　・準備できる退職金原資：680

　・役員退職給与の支払時の損金額：480

　だから、上記の前提で考えた場合、「解約返戻金を役員退職給与に充てる」こと【だけ】で言えば、「生命保険に入らない方が得」ということになるのです。令和元年度の税制改正はかなり巧妙に作りこまれているので、このようになってしまうのです。

　では、上記では最高解約返戻率85％という前提でしたが、この返戻率を上げていった場合の比較もしてみましょう。

○ 生命保険に加入しない場合

　・準備できる退職金原資：700

　・役員退職給与の支払時の損金額：700

○ 生命保険に加入した場合（最高解約返戻率85％）

　・準備できる退職金原資：680

　・役員退職給与の支払時の損金額：480

○ 生命保険に加入した場合（最高解約返戻率90％）

　・準備できる退職金原資：666

　・役員退職給与の支払時の損金額：599

○ 生命保険に加入した場合（最高解約返戻率95％）

　・準備できる退職金原資：693

　・役員退職給与の支払時の損金額：624

○ 生命保険に加入した場合（最高解約返戻率100％）

　・準備できる退職金原資：720

　・役員退職給与の支払時の損金額：648

○ 生命保険に加入した場合（最高解約返戻率105％）

　・準備できる退職金原資：747

　・役員退職給与の支払時の損金額：672

○ 生命保険に加入した場合（最高解約返戻率110％）

　・準備できる退職金原資：770

・役員退職給与の支払時の損金額：700
○ 生命保険に加入した場合（最高解約返戻率120％）
　　・準備できる退職金原資：840
　　・役員退職給与の支払時の損金額：700

　このようになる訳ですが、私は「生命保険に加入する意味がない」
と解説している訳ではありません。ただし、【一定の条件の下】では、
「解約返戻金を役員退職給与に充てる」こと【だけ】で言えば、「生
命保険に入らない方が得」ということにはなります。ただし、それ
は【一定の解約返戻率という条件の下】での、上記の【だけ】を考
えた場合です。
　生命保険の本来の機能は「保障」ですから、生命保険に加入すれば、
明日、社長が他界しても、会社には死亡保険金が振り込まれます。
その保障というメリットを受けながら、あるタイミングで解約しても
一定額の解約返戻金がもらえる、それを役員退職給与に充てること
ができる、となる訳です。
　しかし、「この意味を多くの保険募集人が分かっていないので、説
明をして欲しい」という要望が保険会社からある訳です。私はこの
内容を保険会社の代理店研修や税理士会の研修などで解説します
が、多くの方が「初めて『本当の意味で』理解した」という状況になっ
ています。だから、顧問先に生命保険の提案をする場合、または、
保険代理店などから提案された場合、税理士はこのことを覚えてお
かなければならない訳です。
　なお、上記のとおり、一定以上の解約返戻率があれば、課税を繰
り延べて、それを【生前の】役員退職金に充てる税効果があること
は言うまでもありません。
　話は少し変わりますが、死亡保険金と役員退職給与の関係に触れ
ておきます。多額の死亡保険金が法人に入金された場合、法人税な

どの課税を避けるため、遺族（同族役員）は保険金収入に合わせた役員退職給与の支払いをすることがあります。

　しかし、静岡地裁（昭和63年9月30日判決、東京高裁（平成元年1月23日判決にて確定））では、「保険金収入と同額の金員を当該死亡役員の退職給与として支給した場合であっても、利益金としての保険料収入と、損金としての退職金支給とは、それぞれ別個に考えるべきものであるし、一般に会社が役員を被保険者とする生命保険契約を締結するのは、永年勤続の後に退職する役員に退職給与金を支給する必要を充足するためと、役員の死亡により受けることがある経営上の損失を填補するためであるというべきであるから、会社が取得した保険金中、当該役員の退職給与の適正額より多額であると認められる部分は、役員の死亡により会社の受ける経営上の損失の填補のために会社に留保されるべきものである。」と判断されているので、あくまでも「死亡保険金や解約返戻金の額」と「役員退職給与の額」は税務においては別々に考えるべきものとなるのです。

多くの人が誤解している・間違えているポイント

- ☑ 最高解約返戻率85％（4割損金）の生命保険で利益を繰り延べて、解約返戻金を生前の役員退職給与にあてる税効果はない（生命保険に加入する意味がないと言っている訳ではない）。

- ☑ 当初の期間は4割損金でも、結果としての解約返戻率が85％超になる可能性がある生命保険もある。

- ☑ 死亡保険金や解約返戻金の額と税務上の役員退職給与の適正額との関係は別々に考えるべきである。

事例 07 分掌変更による役員退職給与を支給する際に注意すべき形式

　代表取締役が会長、相談役、顧問などに退いて肩書きは残るものの、地位または職務が激変して実質的には退職した状況と同じであれば、役員退職給与の支給をすることができます。ただし、税務調査でもよく問題になる項目ですが、どんな点に注意しておけばいいでしょうか？

ポイント

　法人税基本通達９－２－32の「例示」にもあるとおり、常勤役員が非常勤役員になったり、取締役が監査役になったり、給与がおおむね50％以上の激減になったりした場合など、地位または職務の内容が激変し、実質的に退職したと同様の事情にある場合は役員退職給与の支給をすることができます。ただし、中小企業の社長はこの点を甘く見ている場合も多いので注意が必要です。

解説

　代表取締役（社長）が会長、相談役、顧問などに退き、社内における肩書きは残るけれども、分掌変更による役員退職給与の支給を受けることがあります。この場合、会長、相談役、顧問などは取締役として登記されている場合もされていない場合もあります。いずれにせよ、役員退職給与の支給を受けた後に経営や重要な事項に関わると税務調査で否認され、非常に多額の納税に至ります。

では、これを否認されないためには、分掌変更後にどのような行為に注意すべきなのでしょうか。下記には「単なる形式」の問題である項目も含まれますが、税務調査でヒアリングされる可能性があり、否認の一根拠になることも想定されるため、回避しておくべきものとなります。これらは「実際に国税不服審判所の裁決などで問題になったもの」、「国税不服審判所の勤務経験もある国税 OB 税理士がセミナーで解説していたもの」、「税務調査でチェックされることが想定されるもの」となります。

---

(1) 代表取締役の名刺は残っていても捨て、今後は使ってはいけない。

(2) 社長室をそのまま使ってはいけない。

(3) 会長室や会長の机はない方がいい。

(4) 会長などはホームページ、会社案内などに記載の組織図で重要なポジションに位置づけられていてはいけない。

(5) ホームページ、会社案内などに会長などのコメントはない方がいい。

(6) 議事録、稟議書、報告書などに会長などの氏名の記載、押印はあってはいけない（会長などは決済、意思決定に関わってはいけない。）

(7) 稟議書などに会長などの決済欄はない方がいい（この欄が不使用でも決済欄の存在そのものが問題視される可能性あり）。

(8) 取引先の接待をしてはいけない。

(9) 業界団体の行事に会社代表者として継続的に参加してはいけない。

(10) 重要な営業の一端を担ってはいけない。

(11) 退任後の役員報酬の額は社内の他の役員や従業員、同業他社の役員と比べて、高額になっていてはいけない（分掌変更

前の50％以下にしたから認められるものではなく、あくまでも「分掌変更後の額がいくらなのか？」が問題となります）。

⑿ 出社の頻度が高いのはいけない（あくまでもイメージですが、週1～2回の不定時での出社までで、フラッと来て、フラッと帰る状況と考えてください。いつ、何時に来て、何時に帰るのか誰も把握していない状況が望ましいです）。

⒀ 融資などに伴う銀行員との面談に出席してはいけない（金融機関への反面調査ですぐに分かってしまいます）。

⒁ 分掌変更後に（役員退職給与をもらった後に）関与する業務がある場合、重要な業務（人事、経理など）に携わってはいけない。

⒂ 顧問税理士との面談に出席してはいけない。

⒃ 取締役会、経営幹部会、営業会議などに出席してはいけない。

⒄ 通帳、印鑑、金庫の鍵、手形帳、小切手帳などの管理をしてはいけない。

⒅ 社員に「社長」と呼ばせてはいけない。

⒆ 経費のチェックをしてはいけない。

⒇ メールなどを介して役員や社員と報連相のやり取りをしてはいけない。

㉑ 会長などが使用した法人名義のクレジットカードの内容、個人経費精算の内容、会長が使用している社用車の使用状況から会長の行動がわかるので、経営や重要な事柄に関わる行動であってはいけない。

　1つでも当てはまれば否認される訳でもありませんし、単なる形式の問題もあります。絶対にやってはいけない行動、やらない方がいい行動という項目によるレベル感の違いもあります。ただし、税務調査で問題になるのは形式であることも多いので、「退職の実態」

が反映されている「形式」を整えることも非常に重要なのです。

　この点、「そんなことは税務署にはわからない。」と甘くみている社長もいますが、否認事例が数多く存在することも現実です。実態が整っていなければ、「何らかの形式」に必ず証拠は残ります。よくありがちなのが、「分掌変更し、役員退職給与をもらう。」、「社長職の引継ぎの期間が数年間あり、実際に引継ぎはしているけれども、引継ぎという行為を通じて、経営などに関わり続ける。」という状況です。しかし、これは問題になる状況なので、分掌変更後に引継ぎをするなら、引継ぎが終わった後に役員退職給与の支給を受けるようにしましょう。

　実際、国税不服審判所の裁決（平成29年7月14日）において、納税者は「引継ぎのために、分掌変更後の短期間に行われたものにすぎず、会長の接待業務への関与は、分掌変更前より大幅に減少している。」と主張しましたが、認められませんでした。

　この事例で問題になった取締役会長は下記の流れでした。

> ○ 平成17年8月：××を発症して入院
> ○ 平成21年7月：××を発症して入院
> ○ 平成22年7月：再度、××を発症
> ○ その後：××等の治療のために通院を継続
> ○ 上記の2度目の××の発症、その後の通院をきっかけに、平成23年5月×日に代表取締役社長を辞任

　だから、体調を理由に後進に道を譲ったという事実関係は本当にあり、実際に引継ぎもしていたと思われますが、分掌変更後に人事、接待その他に関与していたことが否認の根拠になってしまったのです。前の天皇陛下が上皇陛下になられたときに「すべてのご公務から解放された」と報道されていましたが、これと同じような状況が

必要なのです。

　上記20項目は絶対にやってはいけない行動とやらない方がいい行動とがありますが、私は「やらない方がいい行動」も「絶対にやらない方がいい」とお客様にはお伝えしています。その理由は「分掌変更（権限移譲）の実態は完全に整っている。」、「単なる形式が問題になり、税務調査で否認された。」、「国税不服審判所でやっと請求人の主張が認められた。」という事例もあるからです。

　国税不服審判所の裁決（平成18年11月28日）をみていきましょう。この事例は「代表取締役の独断的な言動等が目立つようになった。」、「代表取締役との間での対立も多くなった。」、「代表取締役から退任させられた。」、「取締役ではない会長にさせられた。」という事例です。だから、分掌変更（権限移譲）の実態は「完全に」整っている訳です。経営や重要な事項に関わりたくても、関わらせてもらえない状況なのです。

　しかし、いくつかの「単なる形式」が問題になり、国税不服審判所で争われることにまでなったのです。その形式とは「給与が高額であった。」、「ホームページに記載の会社組織図に重要なポジションとして配置」、「株主総会議事録、取締役会議事録に名前の記載、押印があった。」、「各種社内会議に出席してあいさつを述べた。」、「日誌、稟議書などにサインをしていた。」ということです。

　しかし、これらは「単なるミス」などであり、会長が経営や重要事項に関わったり、重要な発言をしたりする実態は「一切」なかったのです。しかし、この主張は税務調査の現場では認められず、国税不服審判所で争われることになった訳です。この事例を通じて言えることは「実態がどんなに整っていても、形式が積み上がれば否認される可能性がある。」ということです。

　ちなみに、国税不服審判所の裁決（平成24年12月18日、残波事件）では「当審判所の職員が本件役員と平成24年5月22日に

面談した際に受領した名刺には「代表取締役　×××」と表記され
ていた。」と裁決文の認定事実に書いてあるのです。「代表取締役の
名刺を持っていた」ということが「単なる形式」であったとしても、
問題になる可能性がある訳です。だから、私は「やらない方がいい
行動」も「絶対にやらない方がいい」とお客様にはお伝えしている
訳です。

　結果として、国税不服審判所などで請求人の主張が認められても、
一般的には「膨大な額の納税」をした上で争う流れになります。だ
から、分掌変更（権限移譲）によって、役員退職給与を支給する場
合には、「否認の根拠となる項目を完全に排除」しておくべきなので
す。当然、形式だけを整えればいい訳ではなく、実態も整っている
前提です。

**法人税基本通達９－２－32（役員の分掌変更等の場合の退職
給与）**

　法人が役員の分掌変更又は改選による再任等に際しその役員
に対し退職給与として支給した給与については、その支給が、
例えば次に掲げるような事実があつたことによるものであるな
ど、その分掌変更等によりその役員としての地位又は職務の内
容が激変し、実質的に退職したと同様の事情にあると認められ
ることによるものである場合には、これを退職給与として取り
扱うことができる。

(1) 常勤役員が非常勤役員（常時勤務していないものであっても
　　代表権を有する者及び代表権は有しないが実質的にその法
　　人の経営上主要な地位を占めていると認められる者を除く。）
　　になつたこと。

(2) 取締役が監査役（監査役でありながら実質的にその法人の
　　経営上主要な地位を占めていると認められる者及びその法

人の株主等で令第 71 条第 1 項第 5 号《使用人兼務役員とされない役員》に掲げる要件の全てを満たしている者を除く。）になつたこと。

(3) 分掌変更等の後におけるその役員（その分掌変更等の後においてもその法人の経営上主要な地位を占めていると認められる者を除く。）の給与が激減（おおむね 50％以上の減少）したこと。

(注) 本文の「退職給与として支給した給与」には、原則として、法人が未払金等に計上した場合の当該未払金等の額は含まれない。

多くの人が誤解している・間違えているポイント

☑ **分掌変更による役員退職給与の支給をする場合、実態だけでなく、「網羅的に」形式をチェックすることも重要。**

☑ **次の代表取締役への引継ぎ期間に経営や人事などの重要事項に関わることも想定されるので、注意が必要。**

決算賞与の未払い計上の
是否認の分岐点

　決算において決算賞与を未払い計上することがありますが、税務調査で否認される状況になっている事例も散見されます。これはどのように整理しておくべきなのでしょうか?

──────────◆ポイント◆──────────

　決算賞与の未払い計上をして損金にするためには、①期末日までに決算賞与の支給額を同時期に支給を受けるすべての従業員に各人ごとに通知すること、②翌期1か月以内に通知した額を支払うこと、③通知をした事業年度に損金として処理すること(未払い計上)という3要件のすべてを満たす必要があります。ただし、①の要件に関して誤解されている方も多いので注意が必要です。

解説

　本問では3月決算という前提で記載しますが、決算において黒字が見込まれている場合、従業員に対して決算賞与を支払うことがあります。「令和X年3月期の損金にして利益額を減らし、節税する」という前提です。この場合、①令和X年3月31日までに払い終える、②令和X年3月期の決算では未払い計上し、令和X年4月30日までに支払う、という2つの方法があります。

　当然、①は令和X年3月期の損金で問題ありませんが、②の場合は令和X年3月期の損金にするためには注意点があるのです。それは、下記の3要件を【すべて】満たす必要があることです(法人税

法施行令 72 条の 3 （使用人賞与の損金算入時期））。

> **法人税法施行令 72 条の 3 第２号**
> イ　その支給額を、各人別に、かつ、同時期に支給を受ける全
> 　　ての使用人に対して通知をしていること。
> ロ　イの通知をした金額を当該通知をした全ての使用人に対し
> 　　当該通知をした日の属する事業年度終了の日の翌日から一
> 　　月以内に支払つていること。
> ハ　その支給額につきイの通知をした日の属する事業年度にお
> 　　いて損金経理をしていること。

　ここまでは多くの税理士も把握しているため、問題になることは
少ないでしょう。問題はここからです。
　上記のイ〜ハの３要件は「すべて」満たす必要がありますが、イ
の要件を満たせない企業が非常に多いということです。なぜならば、
法人税基本通達９−２−43 に「支給額の通知」についての定めが
あり、「支給日に在職している従業員だけに賞与を支給することにし
ている場合、期末までに通知しても、その通知はイの通知には該当
しない」という旨が書かれているからです。

> **法人税基本通達９−２−43（支給額の通知）**
> 　法人が支給日に在職する使用人のみに賞与を支給することと
> している場合のその支給額の通知は、令第 72 条の 3 第２号イ
> の支給額の通知には該当しないことに留意する。

　多くの企業において、「賞与は支給日に在籍していることを条件に
従業員に支払う」ということになっています。だから、多くの企業
においては上記イの要件を満たせず、決算賞与の未払い計上ができ

ないことになるのです。

　なぜ、こうなるかというと、「決算で未払い計上＝債務が確定していることが前提」、「期末日後、支給日までに退職＝支給日に在籍していないので不支給」、「期末日時点では退職するかどうかはわからない」、「期末日時点では支払うかどうか未確定＝債務が未確定」となるからです。

　結果として退職者がいなかったため全員に支給したとしても、「賞与は支給日に在籍している従業員に支払う」という前提がある時点で、未払い計上はできないのです。全員が支給日前に退職する可能性もある訳ですから、期末日時点で債務が確定しているとは言えない訳です。同じ旨が『法人税基本通達逐条解説　十訂版』（税務研究会出版局）でも解説されています。

　だから、「令和 X 年 3 月期の決算では未払い計上し、令和 X 年 4 月 30 日までに支払う」という前提ならば、「賞与は支給日に在籍している従業員に支払う」という前提を外さなければなりません。しかし、これを外してしまうと、夏と冬の賞与に関しても「支給日に在籍している従業員に支払う」という前提が外れてしまい、「賞与の支給対象期間の途中で退職した」、「当然、支給日には在籍していない」という社員にも、夏と冬の賞与を支払うことになる可能性が出てくるのです。退職した社員に夏と冬の賞与を支払う会社なんてありません。しかし、決算賞与を未払い計上するならば、そういう前提を置かなければならないのです。

　そこで、私が考えた方法は「夏と冬の賞与：支給日に在籍している社員のみに支払う」、「決算賞与：期末までに通知を受けた社員に支払う」という「給与規程の改訂」です。このように給与規程を改訂すれば、「決算で未払い計上＝債務が確定しているのが大前提」、「期末日後、支給日までに退職＝支給日に在籍していないが支給」となり、未払い計上が可能となるのです。夏と冬の賞与は支給日に在

籍している社員のみに支払うという前提を保ちながら、決算賞与の
未払い計上もできるのです。

　ただし、この給与規程の改訂にはメリットとデメリットがあります。
メリットは令和X年3月期に貢献した社員が支給日前に退職しても、
その社員に対して決算賞与を支給する点です。退職後も在籍してい
る社員との人間関係はあるでしょうから、「令和X年3月期に貢献し、
通知もされたのに、支給日前に退職したからもらえなかった」と在
籍している社員に話すこともない訳です。

　デメリットは、経営者が「辞めた従業員に決算賞与を支払うのは
嫌だ」と思っている場合でも支払わなければならない点です。

　では、「決算賞与を未払い計上して節税対策に使う」、「期末日から
支給日の間に退職した社員には決算賞与を支給しない」という2つ
のことを両立させることは不可能なのでしょうか？

　答えは「可能」です。具体的には、決算賞与の支給額を従業員に
通知する際に「決算賞与の支給日までに自己都合退職した場合は、
退職時点で決算賞与を受け取る権利を放棄したものとする」という
旨を通知書に明記しておくことです。印鑑制度が廃止されていくケー
スも多いですが、印刷した書面で通知する場合、通知書の控に従業
員の押印をもらっておくといいでしょう。

　こうすれば、「期末日時点：決算賞与は債務が確定している（未
払い計上できる）」、「期末日から決算賞与の支給日までに退職：従業
員が決算賞与の受給権を自ら放棄（退職の時点で会社の債務がなく
なる）」となるのです。期末日では決算賞与を支払う債務が確定して
いたものの、それを従業員が退職という理由により自ら放棄したと
なり、「退職した従業員には決算賞与を支払わない」ということが達
成できるのです。ただし、この旨を決算賞与の通知書に盛り込んだ
場合、期末日から支給日までに実際に退職する社員がいるかどうか
は別問題です。なぜならば、「決算賞与をもらってから退職しよう」

と思うのが一般的な心情だからです。

　なぜ、このようなことが成り立つのかということを分譲マンションの青田売りを例に考えてみましょう。青田売りの場合、ショールームなどを見て、完成前のマンションの売買契約を締結します。ただし、この売買契約は「購入者の住宅ローンが審査で通る」ということが前提になっています。もし、住宅ローンが通らなかった場合は、売買契約は自動的に解除される流れになります。

・流れ１：完成していないマンションの売買契約
・流れ２：住宅ローンの審査が通らない
・流れ３：売買契約が自動的に解除となる
　決算賞与の未払い計上も同じ理屈です。
・流れ１：従業員に決算賞与の通知（条件付き）をする
・流れ２：支給日前に従業員が退職する
・流れ３：従業員が自ら決算賞与の受給権を放棄したことになる

　この「流れ１」の条件は「解除条件」というものになります。「解除条件」とは広辞苑によれば、次のとおり書いてあります。

> 成就すると法律行為の効力が失われる条件

　「解除条件」とは、民法127条（条件が成就した場合の効果）２項に定めがあり、「解除条件付法律行為は、解除条件が成就した時からその効力を失う。」とされています。

　だから、一定の解除条件が成立したら、一定の法律行為の効力がなくなってしまい、下記の流れとなるのです。

・流れ１：従業員に決算賞与の通知（条件付）をする（支給日前に退職したら、決算賞与の受給権がなくなる解除条件つき）
・流れ２：支給日前に従業員が退職する（解除条件が成就）
・流れ３：従業員が自ら決算賞与の受給権を放棄したことになる(決

算賞与の通知は無効になる）

　なお、同じ旨を『国税速報』（第6555号）において、石田昌朗先生[※]が解説されています。

※大蔵省（現財務省）主税局税制第一課法制班次席、東京国税局調査第一部調査審理課調査官、東京国税不服審判所審判第四部審査官を経て平成19年税理士登録。

　多くの会社において、「税務調査で否認される決算賞与の未払い計上」という状況になっていますので注意が必要です。

多くの人が誤解している・間違えているポイント

- ☑ 決算賞与を未払い計上するためには、3要件を満たすことが必要

- ☑ 給与規程の改訂、または、解除条件付きの通知により、未払い計上を達成することが可能

従業員等に対する見舞金と給与課税の金額基準

　会社が役員や従業員（以下、「従業員等」という）に対して見舞金を支払うことがありますが、社会通念上の相当額までであれば、給与課税はされません。では、この「社会通念上の相当額」とは、どのように考えればいいのでしょうか？

───── ポイント ─────

　社会通念上の相当額の金額基準は法令や通達などに明確には定められていませんが、過去の裁決や国税庁の資料から5万円が1つの基準になると考えられます。

解説

　「従業員等に対する見舞金はいくらまでなら給与課税されませんか？」と、このような質問を保険会社や生命保険営業の方からいただくことがよくあります。従業員等に対する見舞金は社会通念上の相当額までは給与課税されませんが、これを超えると超える部分が給与となってしまうからです。これが役員の場合であれば役員賞与となり、損金不算入にもなってしまいます。

　これに関して金額基準が明記された法令等はありませんので、過去の裁決と国税庁の資料を見てみましょう。

■ 平成 14 年 6 月 13 日裁決

　法人の役員に対して支払われる福利厚生費としての見舞金の額は、入院 1 回当たり 5 万円が社会通念上の相当額の上限とされた事例。

裁決文

　一般に、慶弔、禍福に際し支払われる金品に要する費用の額は、地域性及びその法人の営む業種、規模により影響されると判断されることから、当審判所においては、改定類似法人のうち見舞金等の福利厚生費の規定が存する 8 社についてその役員に対する見舞金等の支給状況を検討したところ、別表 9 のとおり、株式会社 a においてはその規定で見舞金の上限を 50,000 円としており、株式会社 c においては役員に対して 50,000 円の支払例があり、株式会社 f においてはその規定において代表取締役社長を除く役員に対する見舞金の上限を 50,000 円としており、株式会社 g においては代表取締役社長に見舞金として入院給付金の全額を支払った際その全額を同人に対する給与として処理しており、また、他の改定類似法人においてはその規定している額及び支払例において見舞金の額が 50,000 円を超えていないことから、法人の役員に対して支払われる福利厚生費としての見舞金の額は、入院一回当たり 50,000 円が社会通念上相当である金額の上限と認められる。

　したがって、この点に関する請求人の主張には理由がなく、また、入院一回当たり 30,000 円が社会通念上相当である金額とした原処分庁の主張も採用できない。

■ 国税における新型コロナウイルス感染症拡大防止への対応と申告や納税などの当面の税務上の取扱いに関するFAQ（一部加工のうえ抜粋）

令和2年3月国税庁（令和3年7月更新）

・問9-3　感染症に感染した学生に対する見舞金（5万円）

非課税所得となる「心身又は資産に加えられた損害について支給を受ける相当の見舞金」（所得税法9条1項17号）に該当しますので、所得税の課税対象になりません。

・問9-4　従業員に対して事業者から見舞金が支給された場合の取扱い※

※社内規程（慶弔基準）を改定し、「新型コロナウイルス感染症に対する緊急事態宣言下において介護サービスを実施する従業員については、5万円の見舞金を支給する。」とした事例。

次の3つの条件を満たす場合には、所得税法上、非課税所得に該当します（所得税法9条1項17号）。

(1) その見舞金が心身又は資産に加えられた損害につき支払を受けるものであること

(2) その見舞金の支給額が社会通念上相当であること

(3) その見舞金が役務の対価たる性質を有していないこと

本事例は(1)から(3)までを満たすものと考えられるので、非課税所得に該当し、給与等として源泉徴収する必要はありません。

■ 日本経済新聞の記事（2020年6月6日）

ヤマトホールディングスが全従業員に「新型コロナの感染拡大が懸念される中、物流の維持に貢献してくれた」として、最大5万円支給。

　税法上の明確な金額基準はないものの、このような根拠から5万円が1つの基準になると考えます。これを超える「部分」が給与となる可能性があるのです。福利厚生目的で医療保険などに加入し、その給付金を法人が受け取り、これを従業員等に支給した場合も同じ考え方になります。

　では、上記のように法人がいったん受け取るのではなく、「契約者：法人」、「被保険者：従業員」、「給付金または保険金の受取人：被保険者または遺族」という場合の金額基準はどのように考えればいいのでしょうか？保険会社から「直接」被保険者または遺族に支払われるということです。

　この場合の金額基準は特になく、基本的には給与課税の問題はありません。ただし、福利厚生目的という前提なので、特定の者だけを被保険者としている場合は普遍的加入が満たされず、給与課税の問題になります。

　もちろん、加入資格※や保険金額に差をつけてもいいのですが、その差が職種、年齢、勤続年数などに応じた合理的、かつ、普遍的な格差であることが必要です。

※例：入社3年以上の社員のみに加入資格あり。

　また、上記で「金額基準は特に無く」と書きましたが、中にはこれが高額であるケースもあります。「〇百万円などの高額でも問題ない。」と明確に書かれたものを見つけることはできませんでしたが、国税不服審判所の裁決（平成8年7月4日、養老保険の事例）において、「従業員にとって、保険金額が高額であることによって福利厚生の意味合いが強くなるものであり、かつ、請求人が本件各生命保険契約を締結することにより、万一の場合の保障という形で、従業員に福利厚生の恩恵を供与していることは紛れもない事実である。」と判断されています。そのため、私見にはなりますが、金額が高額であっても、給与課税の問題にはならないと考えます。

保険会社や保険営業の方から質問をいただくことも多い見舞金の問題を取り上げましたが、保険会社などからの質問が多いということは、実は現場での整理がきちんとできていないということも多い訳です。会社が医療保険などに加入する場合も含め、福利厚生としての見舞金規程の導入、改訂をするならば、これらの内容をご参考になさってください。

多くの人が誤解している・間違えているポイント

- ☑ 法人が支払う見舞金は1回5万円が1つの基準となる可能性がある。

- ☑ 生命保険会社から直接、本人や遺族に支払われる生命保険に加入している場合は5万円という基準はない。

事例
10

給与か？ 報酬（外注費）か？
の判断基準

法人が個人に支払った金銭につき、法人が報酬（外注費）と処理していたものを税務調査で給与と指摘を受けることがあります。このような指摘を受けないためにも税理士として、給与と報酬に関して、正しい理解をしておきましょう。

―― ポイント ――

1つの会社（店）が同じ人に給与と報酬の両方を支払うこともあり得るし、1つの会社（店）が同じ「職種」のAさんには給与で支払い、Bさんには報酬で支払うことも可能です。これは事実関係によって変わるので、契約書がどうなっているのか、この契約に基づく運用という実態がどうなっているのか、という点を精査することが必要です。税務調査で指摘を受ける前に、契約と運用について顧問先にアドバイスしておく必要があります。

解説

働き方改革、テレワークの推進などもあり、「社員を外注先のように働かせている会社」、「社員を外注先として、切り替える会社」などがあります。後者の場合であれば、法人の社会保険料の負担も変わってきます。美容師、塾講師や家庭教師、マッサージ師、ホステスなどに対する支払いが問題になることもあります。

では、1つの事例として国税不服審判所の裁決（平成29年2月

9日）を取り上げましょう。まずは、この事例の前提条件です。

● ホテルが料理長に支払った金銭が給与か？報酬か？という争い

● ホテルと料理長の間で締結された契約は雇用契約のみ（この契約に基づき、ホテルは料理長に給与を支払っている。）

● ホテルは給与の他、調理場委託料を料理長に払っている（この調理場委託料が給与か？報酬か？という争い。報酬ならば、料理長は消費税の納税義務者となる。）

● 料理長が調理場の料理人の採用、管理、給与計算などを行っていた。

● 料理長は調理場委託料の中から料理人の給与を払っていた。

● ホテルは料理人の給与の状況を把握していない。

● 調理場委託料は毎月定額であり、料理人の人数や勤務状況によって変動していない。

● 料理人に給与を支払った後の調理場委託料の残額を料理長はホテルに返金していない。

　このような状況の下、国税不服審判所は次のとおり、判断しました。

● 料理長は料理人の指揮監督をしている。

● 料理長の業務のすべてが雇用契約に基づくものではない。

● ホテルが料理長に支払った調理場委託料は「報酬」である。

裁決文

　請求人は、請求人の判断で本件各料理人を採用して、本件各料理人を指揮監督しながら、本件調理場における業務を行っていたものということができ、請求人の業務の全てが、本件法人との間の雇用契約に基づく料理長としての業務に包含されるものとは評価できないというべきである。そして、現に請求人は、本件法人から給与とは別に毎月「調理場委託料」名下の本件金

員を受領して、この中から請求人が定めた給与を本件各料理人に支払っていたというのであるから、請求人は、独立の立場で、反復、継続して本件各料理人を雇って本件調理場を運営していたものと認められる。

　結果、雇用契約のある社員に「給与」とは別に払っている金銭が「報酬」であると認定された事例なのです。結果、料理長が「調理場委託料」として支給されていた金員は報酬なので、料理長には消費税の納税義務があるということになった事例です。この事例は支払いを受けている側の個人が争った事例ですが、「１人の社員」に対して、「給与と報酬の併存は可能」ということが示された事例でもあるのです。

　別の事例（国税不服審判所・平成26年7月1日裁決）を取り上げましょう。この事例は同じ職種（ホステス）に対する金銭の支払いに関し、「Aに対するもの：報酬」、「B達に対するもの：給与」と認定されたものです。

　この事例では「各月のAの客の売上げ（税金等を除く飲食代金）の合計額のおおむね50％相当額の金額を店は払っており、この金額は、Aの客がAが出勤していない日に来店し、他のホステスによって接客サービスを受け、飲食した場合にも、飲食代金等に応じて支払われることになっていた。なお、Aが出勤した日に同人の客が来店せず、Aが他の客の接客業務を行っても、Aに支払われる歩合の金員はなかった。」、「Aの客が請求人（店）からの再三の請求に対しておおむね3か月から4か月支払がない場合には、いったん、Aから徴収し立て替えさせていたが、後日その客が請求人に支払った場合には、同額をAに返金していたところ、結局客から支払がない場合には、最終的にはAが負担する仕組みとなっていた。」という事実関係もあります。A以外のホステスにはこのような事実関係がなかっ

たので、給与と認定された訳です。

　だから、「同じ店や会社」で働いている「同じ職種の人」であって
も、「報酬の人」と「給与の人」を分けることもできるのです。繰り
返しになりますが、働き方改革やテレワークの推進などにより、今後、
給与か？報酬（外注費）か？が税務調査の論点になるケースはより
増える可能性もあります。そういう事態に備えるためにも、この「給
与か？報酬か？」という論点は事前に整理しておくべきなのです。

　それから、実際の税務調査でどこまで指摘されるかは別問題です
が、東京で言うならば、銀座のクラブのホステスは原則として報酬（一
部、給与に該当する金員がある場合もある）、歌舞伎町のキャバクラ
のホステスは原則として給与ということになります。この論点は税
務調査官も理解していることは多いのですが、これを否認したら、
その店がやっていけなくなることが分かっているので、ここが指摘
されることは少ないのです。あくまでも少ないだけであってない訳
ではありません。

　なお、東京国税局の個別通達「法人課税課速報（源泉所得税関係）
給与所得と事業所得との区分　給与？それとも外注費？（平成15
年7月）」には次の内容、チェックリストが記載されています。原文（一
部省略）のまま転載しますので、ご参考になさってください。

1　給与所得と事業所得の差異

　(1) 給与所得とは

　　給与所得とは、所得税法第28条第1項において「俸給、
給料、賃金、歳費及び賞与並びにこれらの性質を有する給与
に係る所得をいう。」とされています。具体的には、雇用契約
又はこれに準ずる契約等に基づき、雇用主の指揮命令に服し
て提供した役務の対価をいい、拘束された時間に対する弁償
といえるものです。

　また、雇用関係に限らず、もっと広くこれに類する関係その他一定の勤務関係に基づいて受ける次のような報酬も含まれます。

　　① 法人の役員や国会議員の職務に対する報酬

　　② 支払の名目のいかんを問わず、超過勤務手当、役付手当等の労務提供の量や質に応じた付加的給付

　　③ 家族手当、住宅手当等のように労務提供の程度に直接関連しない生活給的なもの

(2) 事業所得とは

　事業所得とは、所得税法第27条に定義されていますが、過去の判例を要約すると「自己の計算と危険において独立して営まれ、営利性、有償性を有し、かつ反覆継続して遂行する意思と社会的地位とが客観的に認められる業務から生ずる所得」とされています。

2　所得区分の検討

　個人の労務の提供により生ずる所得が、事業所得と給与所得のいずれに該当するかを判断するに当たっては、所得の種類に応じた課税を定めている所得税法の趣旨、目的に照らし、その業務ないし労務及び所得の態様等を充分考察し、租税負担の公平の観点から検討することが必要となります。

(1)「自己の危険と計算」について

　「事業」であるといい得るためには、役務提供に係る成果の成就の危険性や役務提供のための費用の自己負担という要素の存在が必要とされます。

　例えば、まだ引渡しの終わっていない完成品が不可抗力のため滅失した場合等において、役務提供者が権利として報酬の請求をなすことができないリスクを負う場合は、事業所得の性質を有していると判断できます。

また、職務遂行に当たり必要な旅費、設備、備品等の費用について、原則として役務提供者が負担するのが事業であると考えられるとともに、その経費の多寡も判定要素となります。

(2)「空間的、時間的な拘束」について

　給与所得は、特に、給与の支払者との関係において何らかの空間的、時間的な拘束を受け、継続的ないし断続的に労務又は役務の提供があり、その対価として支給されるものかどうかが重要視されなければならないとされています。

　弁護士の顧問料が事業所得に該当し給与所得ではないとした判決（昭和56年4月24日最高裁判決）では、各顧問契約には勤務時間、勤務場所についての定めがなく、この契約はそのころ常時数社との間で締結されており特定の会社の業務に定時専従する等格別の拘束を受けるものではなく、多くの場合は電話により、時には同事務所を訪れた担当者に対し専ら口頭で法律相談に応じて意見を述べるというものであって、弁護士の方から各社に出向くことはまったくなかったことを事業所得の要素の一つとして判断しています。

　勤務場所及び勤務時間が指定され支払者に管理されていることは給与所得の判断要素となります。

(3)「非独立的、従属的労働の対価」について

　給与所得は「非独立的、従属的労働の対価」であり、雇用契約等に基づき他人の指揮命令を受けて提供された労務の提供自体に対する反対給付として法律的支払義務が発生するのに対し、事業所得は「自己の計算と危険において行われる経済活動としての事業から生ずる所得」であり、労務提供の対価ではなく自己の判断や危険負担に基づく仕事の完成に対する対価であるという点において差が見られます。

　例えば運送業務の場合、運送物品、運送先及び納入時間の指定は業務の性格上当然であり、これらが指定されているからといって指揮監督の有無に関係するものではありませんが、納入に至るまでの運送経路、出発時刻の管理、運送方法等の段取りを支払者が行い、役務提供者には許諾の自由がない場合には、給与所得の判断要素となります。事業所得の場合は業務の遂行方法などの判断は役務提供者自身が行い、支払者は行程管理を行うことができません。

　また、本来の請負業務のほか、支払者の依頼、命令などにより他の業務に従事することがある場合は支払者の指揮命令を受けていることを補強する要素となります。

　役務提供に係る「成果」自体よりも、支払者の指揮命令の下に勤務場所や勤務時間が定められた状況で提供した「役務」が支払の根拠になっているものは給与になる可能性が高いといえます。

3　実務上の判定方法

　給与所得か事業所得かは、前記「2」の考え方によって区分されますが、実務上は、次に掲げる事項を総合勘案して判断することとしています。

　① 契約の内容が他人の代替を受け入れるかどうか

　　一般に雇用契約に基づく給与の場合、雇用された人は自分自身が仕事をしたことにより、その役務の対価を受け取ることができます。

　　一方、請負契約に基づく事業所得の場合、依頼主との間で仕事の期限、代金等を決定すれば、実際の仕事を行う者は必ずしも請け負った者自身に限らず、自己が雇用する者その他の第三者にまかせることができ、期限までに完成させて納品すれば、決められた代金を受け取ることができます。

このように給与所得の場合は他人の代替ができませんが、事業所得の場合は他人の代替ができるという違いがあります。

② 仕事の遂行に当たり個々の作業について指揮監督を受けるかどうか

　雇用契約の場合、雇用主が定める就業規則に従わなければならず、作業現場には監督がいて、個々の作業について指揮命令をするのが一般的です。

　一方、請負契約の場合、仕事の期限さえ守れば途中における進行度合いや手順等について、依頼主から特に指図を受けることがないのが通常です。

③ まだ引渡しを終わっていない完成品が不可抗力により滅失した場合において、その者が権利として報酬の請求をなすことができるかどうか

　請負契約の場合、引渡しを終えていない完成品が、例えば火災等により滅失して期限までに依頼主に納品できない場合には、対価の支払を受けることができません。

　しかし、雇用契約の場合、労務の提供さえすれば当然の権利として対価の請求をすることができます。

④ 材料が提供されているかどうか

　雇用契約の場合は雇用主が材料を所得者に支給しますが、請負契約の場合は所得者が材料を自分で用意するのが一般的です。

⑤ 作業用具が提供されているかどうか

　雇用契約の場合は雇用主が作業用具を所得者に供与しますが、請負契約の場合は所得者が自分で用意するのが一般的です。

　以上の判断項目に基づいた判定方法を図解すると次のとお

りとなりますが、最終的には事例に応じて詳細かつ具体的な事実を把握、収集し、総合勘案して判定する必要があります。

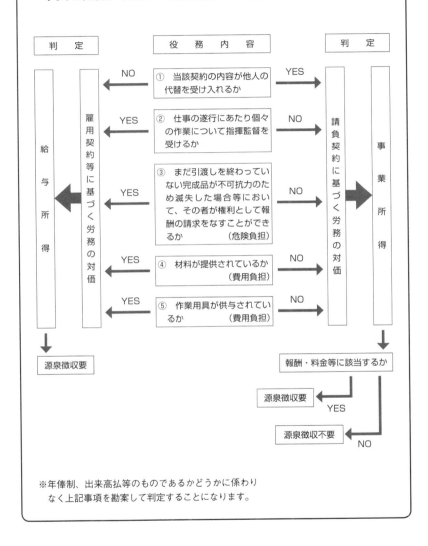

※年俸制、出来高払等のものであるかどうかに係わりなく上記事項を勘案して判定することになります。

これに続くチェックリストは次のとおりです。

給与所得及び事業所得の判定検討表

	判 定 項 目	給 与	事 業	判定理由	根拠資料
実務上の判定	当該契約の内容が他人の代替を容れるか	NO	YES		
	仕事の遂行に当たり個々の作業について指揮監督を受けるか	YES	NO		
	まだ引渡しを終わっていない完成品が不可抗力のため滅失した場合等において、その者が権利として報酬の請求をなすことができるか	YES	NO		
	材料が提供されているか	YES	NO		
	作業用具が供与されているか	YES	NO		
判例による判定	雇用契約又はこれに準ずる契約等に基づいているか	YES	NO		
	使用者の指揮命令に服して提供した役務か	YES	NO		
	使用者との関係において何らかの空間的、時間的な拘束を受けているか	YES	NO		
	継続的ないし断続的に労務の又は役務の提供があるか	YES	NO		
	自己の計算と危険において、独立して営まれているか	NO	YES		
	営利性、有償性を有しているか	NO	YES		
	反復継続して遂行する意思があるか	NO	YES		
	社会的地位が客観的に認められる業務か	NO	YES		
判　　定（総合勘案）					

※○の多少で判定せず、総合的に判定する。

その他の判定事項の例

要　　　　件	給　与	その他
労働基準法の適用を受けるか	YES	NO
支払者が作成している組織図・配席図に記載があるか	YES	NO
役職（部長、課長等）があるか	YES	NO
服務規程に従うこととされているか	YES	NO

要　　　　　　　件	給　与	その他
有給休暇制度はあるか	YES	NO
他の従業員と同様の福利厚生を受けることができるか（社宅の貸与、結婚祝金、レクリェーション、健康診断等）	YES	NO
通勤手当の支給を受けているか	YES	NO
他の従業員と同様の手当を受けることが可能か（住居手当、家族手当等）	YES	NO
時間外（残業）手当、賞与の制度はあるか	YES	NO
退職金の支給の対象とされているか	YES	NO
労働組合に加入できる者であるか	YES	NO
支払者からユニフォーム、制服等が支給（貸与）されているか	YES	NO
名刺、名札、名簿等において支払者に帰属しているようになっているか	YES	NO
支払を受ける者の提供する労務が許認可を要する業務の場合、本人は資格を有しているか（例　運送業）	NO	YES
その業務に係る材料等の在庫を自己で保管しているか	NO	YES
報酬について値引き、値上げ等の判断を行うことができるか	NO	YES
その対価の支払者以外の顧客を有しているか	NO	YES
以前にも他の支払者のもとで同様な業務を行っていたか	NO	YES
店舗を有し一般客の求めに応じているものであるか	NO	YES
その対価の支払者以外の者からの受注を受けることが禁止されているか	YES	NO
同業者団体の加入者であるか	NO	YES
使用人を有している者であるか	NO	YES
支払を受ける者がその業務について自己の負担で損害保険等に加入しているか	NO	YES
業務に当たって、支払者側のマニュアルに従うこととされているか	YES	NO
支払者の作ったスケジュールに従うこととされているか	YES	NO
業務の遂行の手順、方法などの判断は本人が行うか	NO	YES
本来の請負業務の他、支払者の依頼・命令により、他の業務を行うことがあるか	YES	NO
勤務時間の指定はあるか	YES	NO
勤務場所の指定はあるか	YES	NO
旅費、交通費を会社が負担しているか	YES	NO
報酬の最低保障があるか	YES	NO
遅刻、無断欠勤の場合、それに見合う報酬が支払われない他罰金（報酬の減額）があるか	NO	YES
その対価に係る請求書等の作成がされているか	NO	YES

要　　　　　　　　　件	給　与	その他
その対価が材料代等の実費とそれ以外に区分して請求されるか	YES	NO
その対価が経費分も含めて一括で請求されているか	NO	YES

※あくまでも例示である。

多くの人が誤解している・間違えているポイント

☑ 同じ人に1つの会社が支払う金銭につき、給与と報酬を併存させることも可能であるが、それは契約形態、実態という事実関係によって変わる。

☑ 1つの会社や店における同じ職種の人であっても、報酬を支給する人、給与を支給する人を分けることもできる。ただし、これは貸倒れなどのリスクを誰が負っているかなどの事実関係による。

事例 11 社会保険の加入に際し、社員（給与）を外注先（報酬）に切り替えた場合の注意点

　社会保険の未加入事業者に対する対応が昨今は非常に厳しいものとなっており、法人が社会保険に加入するに伴い、手取り額が減ることを嫌い、「社会保険への加入は希望しないので、外注先にしてほしい。」という社員が出てしまうことがあります。これは非常に多くの会社で起こり得る問題ですが、どのような点に注意すべきでしょうか？

ポイント

　社員を外注先に切り替えることは可能ですが、社員（給与）と外注先（外注費、報酬）では、働き方や責任の所在などが変わるため、従来どおりの働き方ではなく、根本的な形式と運用の両方を改定する必要があります。

解説

　上記のような社会保険の加入問題だけではなく、働き方改革やテレワークの推進の中で、社員を外注先のように使う、外注先を社員のように使う、という事例も増えてくるのではないかとも思われます。

　そのため、給与か？報酬（外注費）か？という問題は税理士がより一層注意すべき問題となります。

　国税不服審判所の裁決（令和元年8月27日）を取り上げます。この事例は「塗装工事業を営むA社（従業員4、5名）」で起きたも

のです。

● 平成26年10月頃：従業員に健康保険、厚生年金への加入を説明したところ、2名から「給与の手取りが減るのは嫌だから、外注先にしてほしい」と申し出があった。

● 平成27年3月：2名分の「雇用保険被保険者資格喪失届」を公共職業安定所に提出。

● 平成27年4月以降：A社は2名を外注先として処理した。

　これが税務調査で問題になり、2名分が外注費ではなく給与と否認され、国税不服審判所で争うことになったのです。

　以前と違い、健康保険・厚生年金への加入が「非常に厳しく」言われる時代になりました。雇用保険には加入しているが、健康保険・厚生年金には加入していない会社があることも事実です。このような会社の場合、「年金事務所から指摘されて、健康保険・厚生年金に加入せざるを得なくなった。」、「社員から『手取りが減るのは嫌だ』と拒否された。」、「強制的に加入させれば、社員は辞めてしまう。」という働き手の維持という問題があるので、苦肉の策として、本裁決事例のように「社員を外注先に転換する」ことは「1つの方法」としてあり得ることです。

　しかし、これをするのであれば、その「運用」を間違えると、税務調査で否認されてしまうのです。「方向性」は間違っていない状況でも「運用」を間違えてしまうと意味がない訳です。

　この裁決事例においても国税不服審判所はA社の主張を認めませんでした。国税不服審判所の判断をまとめますが、問題になった社員2名を「B、C」とします。

● 外注費（事業所得）と給与の判断の一応の基準

　・事業所得

　　(1) 自己の計算と危険において独立して営まれている。

(2) 営利性、有償性がある。

(3) 反復継続して遂行する意思と社会的地位とが客観的に認められる。

・給与所得

(1) 雇用契約、これに類する原因に基づき、使用者の指揮命令に服して提供した労務の対価。

(2) 空間的、時間的拘束を受け、継続的ないし断続的に労務または役務の提供がある。

● A社はB、Cの作業先、作業内容、作業時間などを管理し、これは他の社員と同様であった。

● B、Cも他の社員も基本的な作業時間は8時～17時で、代表者の指示に応じて残業していた。

● B、Cがもらう対価は「1日当たりの基本単価×作業日数」であり、残業代は1時間当たり2,000円、進捗が遅れても作業時間に応じた対価が支払われることになっていた。

●「社員であった平成27年3月以前」と「雇用契約解除後の平成27年4月以降」でこの計算方法の変更がない。

● B、Cは仕事を休む場合、代わりの作業員の手配をしていない（B、Cが外注先であれば、自分が休む場合は代わりを手配するはず）。

● B、Cに達成すべき仕事量の定めがなかった。

● A社は業務に必要なB、Cの交通費、宿泊代を負担していた。

● B、Cはヘラなどの手持ち工具を除き、用具などを自己負担で用意していなかった。

● 給与に該当するか否かは形式的な雇用契約の存否などのみによって、判断するものではない。

　ちなみに、A社には「本当の外注先」も存在しており、B、Cも含めた社員の手が足りないときはその外注先も使っていた状況です。

だから、「運用面」で失敗しなければ、この事例は否認されずに終わった訳です。もちろん、本当の外注先と同じ環境に置かれることにB、Cが納得するかは別問題です。

前問のとおり、<u>給与か？報酬（外注費）か？は総合的な事実認定次第で否認、是認が変わります。だからこそ、「業務委託契約書」の内容はもちろんのこと、「実際の運用面」を整える必要があるのです。</u>

なお、本事例は非公開裁決であり、国税不服審判所のホームページにおける検索で表示されたものを記載します。

　請求人は、雇用契約を解除し他の外注先と同様に扱うこととした作業員（本件作業員）に対して作業の対価として支出した金員（本件支出金）は外注先に対する対価として支払ったものであるから、所得税法第28条《給与所得》第1項に規定する給与等に該当しない旨主張する。しかしながら、給与等に該当するか否かは形式的な雇用契約の存否等のみによって判断するものではないところ、本件作業員は、請求人との関係において空間的、時間的な拘束を受け、継続的に労務の提供をし、その対価として本件支出金の支給を受けたものであり、自己の計算と危険において独立して事業を営んでいたものとみることはできない。したがって、本件支出金は、本件作業員と請求人との雇用関係に類する原因に基づき、請求人の指揮命令に服して提供した労務の対価であり同項に規定する給与等に該当する。

（出典：国税不服審判所ホームページ）

なお、国税庁から発表されている次の通達、情報も併せてご参考になさってください。

平成 21 年 12 月 17 日課個 5 - 5

（改正：平成 22 年 6 月 18 日課個 5 - 1）

大工、左官、とび職等の受ける報酬に係る所得税の取扱いについて（法令解釈通達）

　標題のことについては、下記のとおり定めたから、これによられたい。

　なお、昭和 28 年 8 月 17 日付直所 5 - 20「大工、左官、とび等に対する所得税の取扱について」（法令解釈通達）、昭和 29 年 5 月 18 日付直所 5 - 22「大工、左官、とび等に対する所得税の取扱について」（法令解釈通達）、昭和 30 年 2 月 22 日付直所 5 - 8「大工、左官、とび等に対する所得税の取扱について」（法令解釈通達）及び昭和 31 年 3 月 12 日付直所 5 - 4「大工、左官、とび等に対する従来の取扱通達にいう『大工、左官、とび等』の意義等について」（法令解釈通達）は、廃止する。

（趣旨）

　大工、左官、とび職等の受ける報酬に係る所得が所得税法第 27 条に規定する事業所得に該当するか同法第 28 条に規定する給与所得に該当するかについては、これまで、昭和 28 年 8 月 17 日付直所 5 - 20「大工、左官、とび等に対する所得税の取扱について」（法令解釈通達）ほかにより取り扱ってきたところであるが、大工、左官、とび職等の就労形態が多様化したことなどから所要の整備を図るものである。

記

1　定義

　この通達において、「大工、左官、とび職等」とは、日本標準職業分類（総務省）の「大工」、「左官」、「とび職」、「窯業・土石製品製造従事者」、「板金従事者」、「屋根ふき従事者」、「生産関連作業従事者」、「植木職、造園師」、「畳職」に分類する者その他これらに類する者をいう。

2　大工、左官、とび職等の受ける報酬に係る所得区分

　事業所得とは、自己の計算において独立して行われる事業から生ずる所得をいい、例えば、請負契約又はこれに準ずる契約に基づく業務の遂行ないし役務の提供の対価は事業所得に該当する。また、雇用契約又はこれに準ずる契約に基づく役務の提供の対価は、事業所得に該当せず、給与所得に該当する。

　したがって、大工、左官、とび職等が、建設、据付け、組立てその他これらに類する作業において、業務を遂行し又は役務を提供したことの対価として支払を受けた報酬に係る所得区分は、当該報酬が、請負契約若しくはこれに準ずる契約に基づく対価であるのか、又は、雇用契約若しくはこれに準ずる契約に基づく対価であるのかにより判定するのであるから留意する。

　この場合において、その区分が明らかでないときは、例えば、次の事項を総合勘案して判定するものとする。

　⑴　他人が代替して業務を遂行すること又は役務を提供することが認められるかどうか。

　⑵　報酬の支払者から作業時間を指定される、報酬が時間を単位として計算されるなど時間的な拘束（業務の性質上当然に存在する拘束を除く。）を受けるかどうか。

　⑶　作業の具体的な内容や方法について報酬の支払者から指揮監督（業務の性質上当然に存在する指揮監督を除く。）

120

を受けるかどうか。

(4) まだ引渡しを了しない完成品が不可抗力のため滅失するな
　　どした場合において、自らの権利として既に遂行した業務
　　又は提供した役務に係る報酬の支払を請求できるかどう
　　か。

(5) 材料又は用具等（くぎ材等の軽微な材料や電動の手持ち
　　工具程度の用具等を除く。）を報酬の支払者から供与され
　　ているかどうか。

　　　　　　　　　　　　　　　　　　平成 21 年 12 月 17 日国税庁
大工、左官、とび職等の受ける報酬に係る所得税の取扱いに関
する留意点について（情報）

　大工、左官、とび職等の受ける報酬に係る所得税の取扱いに
ついては、平成 21 年 12 月 17 日付課個５－５「大工、左官、
とび職等の受ける報酬に係る所得税の取扱いについて」（法令
解釈通達）を定めたことから、その留意点を質疑応答形式によ
り別冊（PDF/345KB）のとおり取りまとめたので、執務の参
考とされたい。

別冊（略）

多くの人が誤解している・間違えているポイント

☑ 社会保険の加入に伴い、手取り額が減ることを嫌がる社員が退職することを避けるために外注先に切り替えることは1つの有効な方法。

☑ この場合、契約書がどのようになっているのかという「形式」と実際どのような働き方になっているのかという「運用」が重要である。

第3章

貸倒損失をめぐる税務

貸倒損失を計上する場合の債務超過の「相当期間」の考え方

　得意先が債務超過のため売掛金などの回収ができず、書面による債権放棄をすることがあります。債務者の債務超過の状態が相当期間継続した場合は書面による債権放棄をして貸倒損失の計上が可能ですが、この「相当期間」とはどの程度の長さなのでしょうか？

ポイント

　法令や通達において明確に定められてはいないので、形式的に何年以上は必要ということではなく、個別の事情に応じて相当期間の概念は異なることになります。この判断は非常に難しいですが、これを短期的に判断した場合は税務調査で問題になる可能性もあります。

解説

　新型コロナウイルス感染症の拡大の影響により多くの企業の業績が落ちています。そのため、「得意先から売掛金が回収できない」というケースも増えています。もし、得意先から売掛金を払ってもらえないならば、「書面による債権放棄」を検討する必要があります。「書面による債権放棄」は法人税基本通達９－６－１(4)に書いてあり、「債務者の債務超過の状態が相当期間継続し、その金銭債権の弁済を受けることができないと認められる場合において、その債務者に対し書面により明らかにされた債務免除額」は「その事実の発生し

た日の属する事業年度において貸倒れとして損金の額に算入する」
ことになっています。

　この「債務者の債務超過の状態が相当期間継続」という部分です
が、「相当期間」とはどの程度の期間を指すのでしょうか？『税経通
信』（2009年8月号）において、故山本守之税理士、成松洋一税理
士、中村慈美税理士の鼎談（ていだん）が載っています。故山本先生は税理士業
界では非常に著名な方ですし、成松先生、中村先生は国税庁の要職
にも就かれたことのある先生です。ここに「一律に何年間という基
準を超えなければ認められない趣旨ではない」という旨が記載され
ています。

　実際に国税庁のホームページの質疑応答事例「第三者に対して債
務免除を行った場合の貸倒れ」にも「相当期間」についての解説が
あり、「『債務者の債務超過の状態が相当期間継続』しているという
場合における『相当期間』とは、債権者が債務者の経営状態をみて
回収不能かどうかを判断するために必要な合理的な期間をいいます
から、形式的に何年ということではなく、個別の事情に応じその期
間は異なることになります。」とあります。

　この質疑応答事例の「照会要旨」と「回答要旨の一部」を載せて
おきます。

【照会要旨】
　A社は、得意先であるB社に対して5千万円の貸付金を有し
ていますが、B社は3年ほど前から債務超過の状態となり、そ
の業績及び資産状況等からみても、今後その貸付金の回収が見
込まれない状況にあります。
　そこで、A社はB社に対して有する貸付金5千万円について
書面により債務免除を行うことを予定していますが、これを行っ
た場合、A社のB社に対する貸付金5千万円を貸倒れとして損

金算入することは認められますか。

　なお、Ａ社とＢ社との間には資本関係や同族関係などの特別な関係はなく、Ａ社とＢ社との取引はいわば第三者間取引といえるものです。

【回答要旨】

　当該貸付金については、貸倒れとして損金の額に算入されます。

（以下、略）

　しかし、１つの裁判例を挙げると、横浜地裁（平成５年４月28日、東京高裁（平成７年５月30日棄却））では、「本格的に収益の計上を開始する３年ないし５年後の状況を見なければ、債務超過の状況が相当期間継続し、当該債務の弁済が不可能であるか否か（法人税基本通達９－６－１）及び債務者の資産状況、支払能力等からみて、債権の全額が回収できないものか否か（同通達９－６－２）は明らかにならないというべきである。」と判断されています。また、東京高裁では「債務超過の状態が相当期間継続し、その貸金等の弁済を受けることができないと認められることが必要であるから、特定時点の計算書類の数額が債務超過の状態を示していることのみをもつて直ちに同規定に該当するということはできないこと」とも示されています。

　だから、税務調査を前提に考えた場合、「３～５年」というのは「相当期間」を考える上で、「無難な期間」ということにはなります。しかし、国税庁の質疑応答事例にもあるとおり、「３～５年」という形式基準がある訳ではなく、「相当期間」は状況により変わることも事実です。

　そのため、貸倒損失を検討されている得意先があるなら、「そもそ

も貸倒損失を計上できる状況か？」、「計上できるならば、期末まで
に内容証明郵便を『到達』させる※」ということを考えてみてくださ
い。

※期末日までに発送ではなく、期末日までに相手に「到達」することが必要です。

　ちなみに、最高裁（平成 16 年 12 月 24 日判決）では、全額が回
収不能か否かの判断は債務者側の状況だけでなく、債権者側の事情
も考慮すべきと判断されています。

判決文
　その全額が回収不能であることは客観的に明らかでなければ
ならないが、そのことは、債務者の資産状況、支払能力等の債
務者側の事情のみならず、債権回収に必要な労力、債権額と取
立費用との比較衡量、債権回収を強行することによって生ずる
他の債権者とのあつれきなどによる経営的損失等といった債権
者側の事情、経済的環境等も踏まえ、社会通念に従って総合的
に判断されるべきものである。

　新型コロナウイルス感染症の拡大の影響から多くの企業の資金繰
りが大変になっていますので、貸倒損失を検討するケースは多いで
すし、今後も増える可能性が高いです。ただし、貸倒損失は税務調
査でもよく問題になる項目ですし、その要件は厳格なものなので、
税務調査で否認されないようにすることが大切なのです。

多くの人が誤解している・間違えているポイント

☑ 債務超過の相当期間に３〜５年という明確な定めはない。

☑ この期間を短期的に判断した場合は、その判断に至った明確な根拠資料を残し、税務調査に備えることが重要である。

書面による債権放棄と
民法の到達主義

　得意先が相当期間にわたり債務超過の場合、書面による債権放棄
をして貸倒損失の計上をすることができますが、これに関する注意
点はあるのでしょうか？

ポイント

　書面による債権放棄には「到達主義」が求められるため、内容証
明郵便などが期末日までに到達していることが必要です。また、得
意先などの債務者の所在が不明などの場合は「公示送達」という方
法もあります。

解説

　「事例01　貸倒損失を計上する場合の債務超過の『相当期間』の
考え方」で書いたとおり、債務者の債務超過の状態が相当期間にわ
たって継続しており、書面により明らかにした債権放棄額は貸倒損
失として損金の額に算入されます（法人税基本通達9－6－1(4)）。
　この場合の「書面」は様式を問いませんが、内容証明郵便（配達
証明付き）がよく使われます。なぜならば、税務調査があれば、「期
末までに債権放棄をした事実」を納税者が立証しなければならない
からです。
　税務調査における立証責任の大半は国税サイドにありますが、貸
倒損失に関しては、納税者サイドに立証責任があるのです。実際に

仙台地裁（平成6年8月29日）では次のとおり判断されています。

第3章

貸倒損失をめぐる税務

判決文

　貸倒損失は、通常の事業活動によって、必然的に発生する必要経費とは異なり、事業者が取引の相手方の資産状況について十分に注意を払う等合理的な経済活動を遂行している限り、必然的に発生するものではなく、取引の相手方の破産等の特別の事情がない限り生ずることのない、いわば特別の経費というべき性質のものである上、（～中略～）貸倒損失の内容を熟知し、これに関する証拠も被課税者が保持しているのが一般的であるから、被課税者において貸倒損失となる債権の発生原因、内容、帰属及び回収不能の事実等について具体的に特定して主張し、貸倒損失の存在をある程度合理的に推認させるに足りる立証を行わない限り、事実上その不存在が推定されるものと解するのが相当である。

　だから、「期末までに債権放棄をした事実」を証明するため、内容証明郵便（配達証明付き）を使うべきなのです。ここまでは多くの税理士も整理できています。

　しかし、ここからが整理できていない方も多いポイントです。内容証明郵便を期末までに送れば、貸倒損失が成立するのか？と言えば、そうではありません。民法97条（意思表示の効力発生時期等）1項に次のとおり記載されています。

民法97条（意思表示の効力発生時期等）

1 意思表示は、その通知が相手方に【到達した時から】その効力を生ずる。

だから、内容証明郵便を送っても、不在、受取拒否などの理由で返送されれば、債権者の「債権放棄の意思表示」には効力がないのです。しかし、法人税基本通達９－６－１⑷には「書面により明らかにされた債務免除額」としか書いていないので、多くの税理士が「送ればいい」と誤解しているのです。そうではないのです。

　最高裁（平成10年6月11日判決）では、遺留分の減殺請求に関する内容証明郵便を前提にした事例があり、「受領側は『内容が遺産分割に関するものではないか』と推知」、「受け取っていなくても、内容証明郵便の留置期間が満了した時点で到達したものと認めるのが相当」という事例もありますが、これは事実関係次第です。

　貸倒損失を検討している債権者が内容証明郵便を送った場合、「それが当然に債務免除の旨であることを債務者が推知」ということは難しい可能性も高いでしょう。だから、内容証明郵便（配達証明付き）を「期末までに送れば、貸倒損失が損金算入となる」わけではないのです。

　では、不在、受取拒否などの理由で返送された場合、貸倒損失に計上するための方法はないのでしょうか？

　そんなことはありません。民法98条に「公示による意思表示」が定められています。

民法 98 条（公示による意思表示）

1　意思表示は、表意者が相手方を知ることができず、又はその所在を知ることができないときは、【公示の方法】によってすることができる。

2　前項の公示は、公示送達に関する民事訴訟法の規定に従い、裁判所の掲示場に掲示し、かつ、その掲示があったことを官報に少なくとも一回掲載して行う。ただし、裁判所は、相当と認めるときは、官報への掲載に代えて、【市役所、区役所、

　町村役場】又はこれらに準ずる施設の【掲示場】に掲示すべきことを命ずることができる。

3　公示による意思表示は、最後に官報に掲載した日又はその掲載に代わる掲示を始めた日から【二週間を経過した時】に、【相手方に到達したものとみなす。】ただし、表意者が相手方を知らないこと又はその所在を知らないことについて過失があったときは、到達の効力を生じない。

（以下、略）

　簡単に言えば、「市役所などの掲示板に債権放棄の旨が掲載され、2週間が経過すれば、得意先など（債務者）に到達したものとみなす」ということです。

　得意先などが元々の場所におらず、どこにいるかわからないという場合、この「公示による意思表示」という方法があるのです。

多くの人が誤解している・間違えているポイント

☑　貸倒損失を計上するために、書面による債権放棄をする場合は期末日までに相手方に到達することが必要。

☑　債務者の所在不明などの場合には公示送達という方法もある。

貸倒損失と債権の時効の関係を正しく理解する

現在の民法では債権の時効が5年間となっていますが、債権発生から5年間経過したら、貸倒損失として計上することは可能なのでしょうか？

━◀ポイント▶━

単に、債権発生から5年間経過しただけでは足りず、債務者が時効の主張（時効の援用）をして初めて貸倒損失に計上することができます。5年間を経過したという事実関係だけを以って貸倒損失に計上しないようにしましょう。

解説

貸倒損失に関して、多くの方が誤解をしているポイントがあります。それは「一定期間を経過したら時効となるので、貸倒損失を計上できる」という点です。そうではありません。時効を使って貸倒損失を計上したいならば、債務者側に「時効の主張（時効の援用）」をしてもらう必要があるのです。たとえば、債務者に「この売掛金は時効なので、払いません。」と主張してもらう必要があるのです。これは民法145条（時効の援用）に記載があります。

民法145条（時効の援用）
　時効は、当事者（消滅時効にあっては、保証人、物上保証人、

第三取得者その他権利の消滅について正当な利益を有する者を含む。）が援用しなければ、裁判所がこれによって裁判をすることができない。

　税務調査を前提に考えた場合、これに関するメールや書面などの証拠を残しておくべきでしょう。

　では、債務者に「時効の援用」をしてもらうための、「一定期間の経過」の「一定期間」は何年を指すのでしょうか？　令和2年4月1日施行の改正民法では「債権者が権利を行使することができることを知った時から5年間」、「権利を行使することができる時から10年間」行使しないときは債権が消滅する、と記載されています。「消滅する」となっていますが、時効の援用が必要なことは上記のとおりです。

　ただし、改正民法の5年間（10年間）というのは、施行日より前に発生した債権には適用されず、この債権には「改正前の民法」が適用されるのです。改正「前」の民法の時効期間は非常に多岐にわたっており、弁護士でもこれを常に100％暗記できている方は少ないと思われます。

　一例を挙げれば、「工事の請負代金：3年」、「生産者、卸売商人・小売商人の商品代金：2年」、「旅館、飲食店などの代金：1年」などとなっています。

　だから、たとえば、小売りの商品代金の売掛金がある場合、「令和2年3月31日までに発生した売掛金：2年間」、「令和2年4月1日以後に発生した売掛金：5年間（10年間）」が時効期間となるのです。

　繰り返しになりますが、この期間を徒過した場合で貸倒損失を計上したいならば、債務者に「時効の援用」をしてもらう必要があります。

ただし、時効期間を経過した後でも「債権者が債務者に督促し、債務者が返済の猶予を求める、または、一部を弁済する」という場合は「時効完成後の債務の承認」となり、債務者は時効の援用ができないことになります。これは最高裁（昭和41年4月20日判決）で示されています。

　ただし、一般の方が法律に詳しくないことに乗じ、時効の援用をさせないことをねらった不自然な一部弁済の場合は「時効完成後の債務の承認」にならない場合があります。一例として、宇都宮簡裁（平成24年10月15日判決）があります。

　この辺りは事実関係にもよりますので、「時効完成後の債務の承認」を検討するならば、弁護士に相談すべきでしょう。

　いずれにせよ、貸倒損失は税務調査でもよく問題になる項目ですので、必ず「税務調査で問題にならない手続き」を踏み、貸倒損失の計上をしてください。過去に何度も貸倒損失のご相談を頂いていますが、「貸倒損失に計上する前に相談すべきでしたね…。」、「顧問税理士の判断は間違っていますね…。」というものも多く発生しています。

多くの人が誤解している・間違えているポイント

☑ 時効となる一定期間を経過したら、イコール貸倒損失の計上となる訳ではない。

☑ 税務調査において「貸倒損失に計上すべき時期」が問題になる場合もあるので、時効の援用があって初めて貸倒損失となることを理解しておく必要がある。

債務者が債務超過でも 貸倒損失が否認された事例

　債務者が債務超過でありなかなか債権が回収できない場合、貸倒損失を計上することがあります。ただし、これが税務上も認められるか否かは別問題であり、事実関係によっては税務調査で否認されることもあります。では、債務者が債務超過であり、貸倒損失を検討する場合、どのようなことに注意すべきなのでしょうか？

ポイント

　「事例01　貸倒損失を計上する場合の債務超過の『相当期間』の考え方」で債務超過の相当期間には明確な定めはなく、国税庁のホームページにも「形式的に何年ということではなく、個別の事情に応じその期間は異なる」と記載していることを解説しました。ただし、それは事実関係次第なので、期末日の状況などを踏まえて慎重に判断すべきです。

解説

　法人税基本通達９－６－１には貸倒損失のことが定められており、その(4)には次の金額を貸倒損失とする旨が定められています。

法人税基本通達９－６－１（金銭債権の全部又は一部の切捨てをした場合の貸倒れ）

(1)～(3)　略

(4) 債務者の債務超過の状態が相当期間継続し、その金銭債権
の弁済を受けることができないと認められる場合において、
その債務者に対し書面により明らかにされた債務免除額

これに該当する場合、貸倒損失として損金経理しなくても別表四
において減算処理することにより、法人税等の計算上、損金の額に
算入されます。

この(4)が問題になったのが国税不服審判所の裁決（平成18年
11月27日）ですが、まずはこの事例の概要を記載します。
● 債権者：建築・土木工事の請負等を行うA社（12月決算）
● 債務者：A社に建築（2階建て3世帯住宅）を依頼した個人B
● 平成15年3月24日：A社はBから手付金1,000万円を受領
　（建築代金の総額：6,321万円）
● 建物の上棟時（日付不明）：A社はBから中間金1,000万円を受
　領
● Bは元勤務先であるC社から多額の損害賠償請求を受ける（結果
　として、懲戒解雇）。
● 平成15年6月30日：C社はBの不動産に所有権移転請求権の
　仮登記
● 平成15年7月頃：BはA社に対し、この契約を解除した。
　契約書には「Bは、工事中必要によって契約を解除することがで
きるものとし、これによって生ずるA社の損害を賠償する。（中略）
契約解除の時は、工事の出来形部分は甲の所有とし、甲乙協議の上
精算することとする。」という解除条項あり。
● A社は工事を中止した。
● 平成15年7月25日以降：A社とC社は不動産の処分を協議
● 平成15年10月10日：A社は出来高分の請求書を発行
　（21,677,282円）

● 平成15年11月20日：内容証明郵便により督促

● 平成15年12月26日：内容証明郵便により債権放棄（この時点でBはこの建築途中の建物、この土地、マンションを所有。この土地、マンション：C社との間で損害賠償請求に関する代物弁済予約契約が締結されていた）。

● 平成16年10月29日：Bは今回の不動産（土地・未完成建物）を2,700万円で第三者に売却し、A社は13,113,253円を回収

　この状況の下、国税は税務調査において、「貸倒損失ではなく、寄附金である」と否認したのでした。そして、国税不服審判所はBが債務調査であることを認めた上で、次のとおり、判断したのでした。

● その債権が回収不能であったといえるためには「債務者の資産負債の状況」、「信用状況」、「事業の性質」、「債権者による回収努力」、「これに対する債務者の対応」などにより、その回収不能の事態が客観的に明らかであることが必要。

● 建物は債権放棄当時、内装工事はほとんどされていないが、外壁はほぼ完成しており、約70％が完成した状態だった。

● Bは債務超過の状態にあり、継続した収入の見込みもなく、不動産の他に資産を所有していない。

● 不動産にはその担保価値を明らかに上回る仮登記が設定されていた。

● 建物は約70％程度完成していて既に建物として成立し、何らの担保も設定されていない。

● 債権放棄の前後を通じ、その処分についての協議がA社を交えて継続されていた。

● 債権放棄の当時、建物に資産価値がないことが明らかにはなっていない。

● 債権放棄の当時、債権の回収不能が客観的に明らかであったということはできない。

裁決文

　Bは債務超過の状態にあり、継続した収入の見込みもなく、また、本件土地等及び本件建物のほかに資産を有しておらず、本件土地等にはその担保価値を明らかに上回る本件仮登記が設定されていた。加えて、本件建物は三世帯住宅という構造を有し、未完成であったということができる。

　しかしながら、本件建物は、約70%程度完成していて既に建物として成立し、何らの担保も設定されておらず、本件債権放棄の前後を通じ、その処分についての協議が請求人を交えて継続されていたということからすると、本件債権放棄の当時において、本件建物自体に資産価値がないことが最終的に明らかとはなっていなかったものということができる。

　したがって、本件債権放棄の当時、本件債権の回収不能の事態が客観的に明らかであったということはできないから、本件債権放棄に係る債権額は貸倒損失の額に当たらず、本件債権放棄はBに対する経済的利益の無償供与であり、同放棄に係る債権額は「寄附金の額」に当たる。

● 平成15年12月26日：内容証明郵便により債権放棄
● 平成16年3月1日：申告期限
● 平成16年10月29日：債権の一部回収

　という流れを考えると、「貸倒損失の時期尚早」であったことがわかります。

　たしかに、申告する時点で「不動産にはその担保価値を明らかに上回る仮登記が設定」されていた訳ですから、貸倒損失に計上したい感情は理解できます。ただし、感情と税務は別です。債権放棄の

前後を通じ、その処分についての協議がＡ社を交えて継続されていた訳で、実際に債権の一部の回収もできている訳です。たらればの話をしても仕方がありませんが、「たった１期だけ、判断を遅らせれば」、回収できなかった部分を問題なく貸倒損失に計上できた訳です。正直、非常に痛い否認内容です。

　また、債権に対して担保が設定されている場合、貸倒損失に計上できないのか？というと、そんなことはありません。『法人税関係通達総覧』（第一法規）には次の解説があります（一部改定）。

> 「債務者の資産状況、支払能力等からみてその全額が回収できないことが明らか」とは？
>
> 　債務者について、破産、強制執行、整理、死亡、行方不明、長期債務超過、天災事故、経済事情の急変などの外形的事実が生じていない場合であつても、その資産状況等に照らし、これらに匹敵する相当の事情があるときは、同様に取り扱われて然るべきものと考えられる。（…中略…）
> 　例えば債務者の土地について抵当権を設定しているが、その抵当権がいわゆる２番抵当以下の劣後抵当であり、その土地の時価等からみて、土地を処分しても配当を受けることが見込めないことが明らかであるような場合には、担保物はないものとして、貸倒れの有無を判断してよいものと考えられる。

　国税庁の質疑応答事例「担保物がある場合の貸倒れ」にも次の解説があります（一部省略）。

> 　したがって、原則としては、担保物が劣後抵当権であっても、その担保物を処分した後でなければ貸倒処理を行うことはでき

ません。ただし、担保物の適正な評価額からみて、その劣後抵当権が名目的なものであり、実質的に全く担保されていないことが明らかである場合には、担保物はないものと取り扱って差し支えありません。(…中略…)担保物の処分による回収可能額がないとは言えないケースであっても、回収可能性のある金額が少額に過ぎず、その担保物の処分に多額の費用が掛かることが見込まれ、既に債務者の債務超過の状態が相当期間継続している場合に、債務者に対して書面により債務免除を行ったときには、その債務免除を行った事業年度において貸倒れとして損金の額に算入されます。

　広島高裁（昭和57年2月24日判決）も次の考え方を示しています。

判決文
　担保物件を処分することによって得られると見込まれる当該物件の価額が被担保債権の総額をはるかに下まわっていることが明らかであり、その競売手続の終了をまつまでもなく、客観的に見て一般債権の弁済に充てられる剰余金の生ずる余地が全くなかったものといわざるを得ない。従って、当時債務者に対する一般債権の引当てとなるべき資産は皆無ということになる。

　結果として、「債務者の不動産には抵当権が設定済（抵当権は未実行）」、「抵当権が実行されても、回収できない（または、少額など）」の場合でも、貸倒損失の計上は認められるのです。ただし、この辺りは事実関係により変わるので、非常に慎重な判断を求められることになります。
　特に、新型コロナウイルス感染症の拡大の影響から、貸倒損失に

関する判断をしなければならないケースが今後はより多くなるで
しょう。だからこそ、顧問先が「貸倒損失に計上したい！」、「貸倒
損失にできるだろうか？」と思われる場合は、必ず事実関係を精査
した上で対応すべきなのです。そうしないと、「貸倒損失ではなく、
寄附金」と否認されてしまうのです。上記の事例のとおり「もう１
期だけ遅く」貸倒損失を計上していれば、税務調査があっても何の
問題もなかった訳です。そのような否認がされないようにしなけれ
ばならないのです。

多くの人が誤解している・間違えているポイント

- ☑ 担保物を処分しても配当を受けることが見込めないこと
  が明らかであるような場合には、担保物はないものとし
  て、貸倒損失を計上することができる。

- ☑ この点は事実関係によるので、他の債権者の債権額、担
  保設定額なども調査して上で判断する必要がある。

事例 05　元代表取締役に対する多額の貸倒損失が認められた事例

　中小企業の貸借対照表に「代表取締役などに対する多額の債権」が載っていることがあります。そして、事業承継に伴ってその債権が元代表取締役に対する債権に変わり、その元代表取締役の収入や資産の状況からして回収がなかなか進まないこともあります。では、そのような状況において、これを貸倒損失に計上することはできないのでしょうか？

───── ポイント ─────

　元代表取締役（現代表取締役の父）に対する債権が貸倒損失として認められた事例があるので、なかなか回収が進まないならば、事実関係を精査した上で貸倒損失の計上を検討しましょう。

解説

　後継者に事業承継したものの、先代社長が経営をしていた時代の先代社長に対する多額の債権（貸付金、仮払金など）が中小企業の貸借対照表に載っていることがあります。しかし、これは金融機関から見れば「会社のお金を私的に流用した結果」と見られ、融資の条件に影響することもあります。この解消には代物弁済や生命保険を使った方法など様々な解決方法もあります。また、返済してもらえればいいのですが、なかなか返済がされない場合もあり、可能ならばこれを貸倒損失に計上したいところです。しかし、元代表取締

役（現代表取締役の父）に対する債権という状況だけに、貸倒損失の計上には二の足を踏むことも多いでしょう。

これが認められたのが東京地裁（平成25年10月3日判決）です。この事例は「A社は元代表取締役B（現代表取締役の父）への貸付金を貸倒損失に計上」、「貸倒損失の額：3億8,642万4,236円」、「事業年度：平成19年12月1日～平成20年11月30日」　という状況でした。

ちなみに、Bの収入は次のとおりでした。

● 平成19年：1,290万8,396円（A社からの給与690万円、別の同族会社C社からの給与350万円、公的年金250万8,396円）
● 平成20年：460万8,396円（A社からの給与120万円、C社からの給与90万円、公的年金250万8,396円）

また、下記の流れもありました。

● 平成20年4月15日：A社とBは、この貸付金の返済に関する和解契約を締結。
● 平成20年6月5日：返済につき合意ができなかった部分があったため、A社はBを提訴。
● 平成20年8月25日：東京地裁はA社の主張を認めた。
● 平成20年9月19日：A社の弁護士は、Bに対して強制執行をしても回収の見込みがない旨の報告をA社に行った。
● 平成25年2月5日：A社はBに関する破産手続き開始の申立てを行った。
● 平成25年3月13日：東京地裁は、Bが支払不能の状態にあることを認め、Bの破産手続きを開始する旨の決定をした。
● 平成25年7月8日：東京地裁は、手続き費用が不足するとして、破産手続きを廃止する決定をした。

この前提の下、東京地裁は貸倒損失につき、次のとおり、判断しました。

145

● Bの資産状況（期末（平成20年11月30日）時点）は生活費程度の現金のみで、他にまとまった資産はない。

● 回収努力の程度その1（Bの給与の差押え）

　・A社の取引先に関し、現社長らがBから引継ぎを受ける必要があった。

　・A社とC社からのBへの給与の差押えを行えば、Bから引継ぎの協力を得ることが困難となる。

　・A社がBの給与の差押えを行うことは、事業運営上、事実上困難。

　・現代表取締役はBに対して口頭で返済を求めたものの、Bがこれに取り合わなかったことが認められる。

　・引継ぎを円滑に受けるためには、Bに対して返済を強く求めることにも限界がある。

　・A社がBの給与について強制執行をしなかったことにより、A社がBに対する回収をあえて放棄したことにはならない。

　・Bに対して口頭で返済を求める以上に強固な返済要求をしなかったことをもって、A社がBに対する回収をあえて放棄したことにはならない。

● 回収努力の程度その2（Bの公的年金の差押え）

　・公的年金は法的に差し押さえることができない。

国民年金法24条（受給権の保護）

　給付を受ける権利は、譲り渡し、担保に供し、又は差し押えることができない。ただし、年金給付を受ける権利を別に法律で定めるところにより担保に供する場合及び老齢基礎年金又は付加年金を受ける権利を国税滞納処分（その例による処分を含む。）により差し押える場合は、この限りでない。

厚生年金保険法 41 条（受給権の保護及び公課の禁止）

1 保険給付を受ける権利は、譲り渡し、担保に供し、又は差し押えることができない。ただし、年金たる保険給付を受ける権利を別に法律で定めるところにより担保に供する場合及び老齢厚生年金を受ける権利を国税滞納処分（その例による処分を含む。）により差し押える場合は、この限りでない。

・公的年金からの回収はＢの任意の協力を得て行う以外に方法がない。

・公的年金は、Ｂが任意に弁済しない場合には差押えを受けるという心理的圧力が微弱。

・現社長はＢに返済を求めたものの、Ｂは取り合わなかったので、Ｂの公的年金を原資として回収をすることは事実上困難。

・Ｂの年金収入は 1 か月当たり約 21 万円なので、債権の金額に比べ、非常に少ない。

・仮に、公的年金の全額を返済に充てたとしても、全額の返済には 150 年以上かかることとなる。

・Ｂの年金収入を原資として、一部の回収ができたとしても、返済としての実効性は極めて弱い。

・Ｂに公的年金による収入があるから、回収可能性が存在するということはできない。

・Ａ社が家族間の協議等によって、公的年金を原資として、Ｂから継続的に回収することなどしていないとしても、これをもってＡ社が債権回収の努力をあえて放棄しているということもできない。

● 貸倒損失に計上するためには、金銭債権の全額が回収不能であることを要する。

● その全額が回収不能であることは客観的に明らかでなければなら

ないが、このことは債務者の資産状況、支払能力等の債務者側の事情だけでなく、債権回収に必要な労力、債権額と取立費用との比較衡量、債権回収の強行による他の債権者とのあつれきなどによる経営的損失等といった債権者側の事情、経済的環境等も踏まえ、社会通念に従って総合的に判断されるべきもの（最高裁・平成16年12月24日判決参照）。

だから、元社長などの親族に対する債権であっても、「期末時点」で一定の条件が整っていれば、貸倒損失の計上が可能なのです。ちなみに、この判決に関し、東京国税局、国税訟務官室の資料では、債務者の資力がないことを前提とした個別事例としながらも今後の参考になると記載されています。

一定の特殊事情を含む事例ですが、税務訴訟を担当する部署において、「今後の参考になる」と判断しているものなので、ぜひ、覚えておいてください。なお、実際にこの検討をする場合は詳細な事実関係（代位弁済など）は割愛しておりますので、実際の判決文を読んだ上でご判断頂ければと思います。

多くの人が誤解している・間違えているポイント

☑ 元代表取締役（親族）などに対する債権でも貸倒損失に計上できる場合がある。

☑ ただし、税務調査で問題になる可能性はあるので、詳細な事実関係を詰め、顧問先とも相談した上で判断する必要がある。

第 4 章

生命保険をめぐる税務

定期保険、第三分野保険の経理処理で注意すべき点

事例
01

令和元年に定期保険及び第三分野保険に関する法人税基本通達が改正されましたが、非常に複雑な内容のため、まだまだ多くの税理士が正確に理解していない現状があります。具体的にどのような点に注意すべきなのでしょうか?

ポイント

従来であれば、経理処理の変更のタイミングはあまり気にしなくてもよかった状況が変わりました。今後は加入時点で経理処理が変わるタイミングを事前に整理しておかないと間違えてしまう可能性が高いです。事前に整理表などを作成することをおすすめします。

解説

令和元年の定期保険及び第三分野保険に関する法人税基本通達の改正は非常に複雑なため、実際の税務調査の現場でどこまで否認されるのか?ということに疑問も感じますが、だからと言って、税理士として経理処理をミスする訳にはいきません。

基本通達、FAQ の内容だけでも相当なボリュームがあるので、ここでは書ききれませんが、基本的なポイントからミスしやすい項目を挙げていきたいと思います。

まず、改正前に加入した長期平準定期保険であれば、保険期間の

前半60％の期間は支払った保険料の2分の1が損金、2分の1が資産計上となっていました。そのため、40歳で加入、保険期間は100歳までの60年間であれば、「保険期間60年×60％＝36年間」、つまり、76歳のときまで経理処理の変更はなかった訳です。そのため、実質的にはその年齢に達する前の役員辞任などのタイミングで解約することも多かったので、経理処理の変更のタイミングに起因するミスはほぼなかった訳です。

　しかし、今回の税制改正はもっと手前で変更のタイミングがきます。たとえば、最高解約返戻率が50％超70％以下の契約であれば、前半40％の期間に関しては払った保険料の60％が損金となり、40％が資産計上となります。最高解約返戻率が70％超85％以下の契約であれば、前半40％の期間に関しては払った保険料の40％が損金となり、60％が資産計上となります。

　ということは、40歳で加入、保険期間は100歳までの60年間と考えると、「保険期間60年×40％＝24年間」となり、64歳のときに経理処理が切り替わるタイミングがくるのです。そうなると、64歳で現役の社長というのは沢山いるので、経理処理をミスするケースが多発する可能性があるのです。

　経理処理の仕方は通達に記載されているので図解をします。なお、最高解約返戻率が85％超の場合も記載します。

○ 最高解約返戻率が 50%超 70%以下の場合の損金算入額の流れ

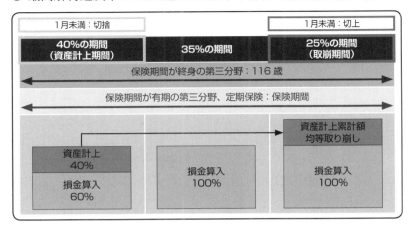

○ 最高解約返戻率が 70%超 85%以下の場合の損金算入額の流れ

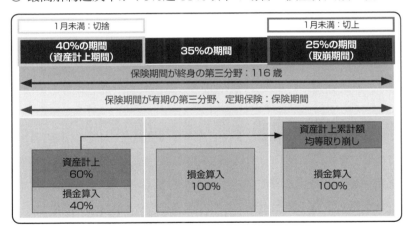

○ 最高解約返戻率が 85%超の場合の損金算入額の流れ

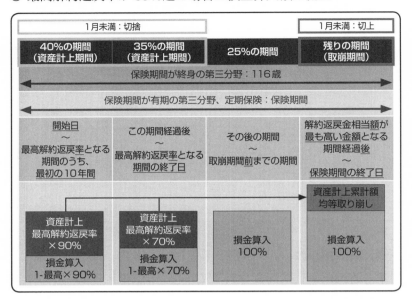

　また、今回の通達で理解しておくべき基本的な用語ですが、9－3－5（最高解約返戻率が 50%以下）において定められているのは「その支払った保険料の額」、「当該事業年度に支払った保険料の額」となります。これに対し、9－3－5の2（最高解約返戻率が 50%超）において定められているのは「当期分支払保険料の額」、「年換算保険料相当額」です。まずは、これらの用語の違いを正確に理解しておかないと間違えてしまうので、これを表にまとめます。

用語	内容
その支払った保険料の額 当該事業年度に支払った保険料の額	単に支払った保険料という日本語の意味で考える。
当期分支払保険料の額	その支払った保険料の額のうち当該事業年度に対応する部分の金額（＝短期前払費用の適用を受ける場合を除き、期間対応を考慮）
年換算保険料相当額	その保険の保険料の総額を保険期間の年数で除した金額（＝保険期間１年当たりの保険料）

　それから、９－３－５の２において「最高解約返戻率が50％超70％以下で、年換算保険料相当額※が30万円以下の保険に係る保険料を支払った場合については、９－３－５の例によるものとする。」となっているので、これに該当する場合は９－３－５の２ではなく、９－３－５で判断することになります。

※一の被保険者につき２以上の定期保険等に加入している場合にはそれぞれの年換算保険料相当額の合計額。言い換えれば、１人の被保険者に関して、すべての保険会社に支払った保険期間１年当たりの保険料の合計額。

　この場合、最高解約返戻率が50％超70％以下という生命保険を９－３－５で判断することになりますが、９－３－５の㊟２は「解約返戻金相当額のない短期払の定期保険又は第三分野保険」が前提なので、㊟２には該当しないことになります。

　そうなれば、最高解約返戻率が50％超70％以下という生命保険を９－３－５で判断する場合、９－３－５の本文で判断し、次の表の取扱いになるのです。

保険金または給付金の受取人	経理処理
契約者である法人	原則として、期間の経過に応じて損金の額に算入する。
被保険者またはその遺族	原則として、期間の経過に応じて損金の額に算入する。ただし、役員または部課長その他特定の使用人（これらの者の親族を含む。）のみを被保険者としている場合には、当該保険料の額は、当該役員または使用人に対する給与とする。

　では、上記表の「期間の経過に応じて損金算入」とはどういう意味でしょうか？支払い方法別に表にまとめます。

支払い方法	期間の経過に応じた損金算入額
全期払い（月払い、半年払い、年払い）	払った保険料の額
短期払い	保険料総額÷保険期間

　短期払いの例として、「契約時年齢：66歳、保険種類：第三分野、保険期間：終身（税務上の保険期間は116歳）、払込期間：10年間（短期払い）、年払保険料：50万円」という事例で考えてみましょう。この場合、「（50万円×10年間）÷（116歳－66歳）＝10万円」となるので、「期間の経過に応じた損金算入額」は10万円となります。これを表に表すと次のとおりです。

保険年度	支払保険料	損金算入額	資産計上額	資産計上累積額
1	50万円	10万円	40万円	40万円
2	〃	〃	〃	80万円
10	〃	〃	〃	400万円
11	0円	〃	0円	390万円
12	〃	〃	〃	380万円
50（116歳）	〃	〃	〃	0円

　それから、上記で1人の被保険者に関する保険料30万円以下の話をしましたが、30万円を上限とする話は「9－3－5の（注）2の30万円以下」と「9－3－5の2の30万円以下」という2種類があります。これを表にまとめます。

内容	対象になる保険料
9－3－5の（注）2の30万円以下	当該事業年度に支払った保険料の額
9－3－5の2の30万円以下	年換算保険料相当額

　この違いがあるので、結果として、1人につき60万円の枠があるということです。これらの違いを表にまとめたものが次頁となります。

30万円以下（1人の被保険者、保険会社を問わず）について
9−3−5(注)2と9−3−5の2の違い

	解約返戻金	短期払	対象	30万円超の場合	給与となる保険料	追加加入解約等	改正前既契約	適用日
9−3−5(注)2 当該事業年度中に支払った保険料の額	ない※1	○	その事業年度中に支払った保険料総額	原則として、期間の経過に応じて損金※2	30万円の判定に含めなくてもOK	その事業年度中に支払った保険料総額	判定に含めず	令和元年10月8日
9−3−5の2 年換算保険料相当額	50%超70%以下	−	保険期間が3年以上の年換算保険料相当額	・9−3−5の2の適用 ・60%損金	〃	区分	〃	令和元年7月8日

※1　ごく少額の払戻金がある場合を含む。
※2　保険期間が終身の第三分野：保険期間開始日から被保険者の年齢が116歳に達する日までが計算上の保険期間

　最後に9−3−5と9−3−5の2の関係をフローチャートにまとめておきます。

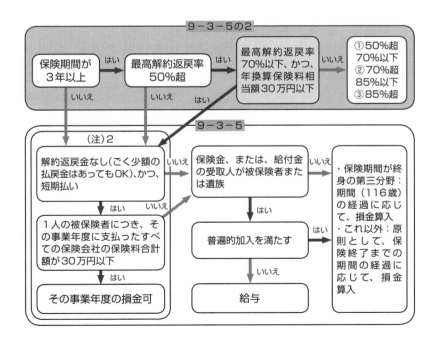

　図解と表を使ってなるべくわかりやすく解説したつもりですが、それでも難しいのが令和元年の保険税務の通達改正なのです。まだまだ重要なポイントはありますが、最低でも上記内容はおさえておかないといけないのです。

多くの人が誤解している・間違えているポイント

☑ 令和元年の保険税務の改正は非常に難解なので、実際の経理処理に当たっては通達、FAQ、本書の図解などを参考にしながら、慎重に考えないと間違えてしまう。

☑ 加入時点で将来、経理処理が変わるタイミングを整理しておくことが重要。

事例 02 生命保険を払い済みにした場合の経理処理

　今後の生命保険料を払うことをやめ、過去に払ってきた保険料で将来の保障を継続することがありますが、この場合の経理処理について、どんな点に注意すべきでしょうか？

　生命保険契約を払い済みにした場合、原則として洗い替えが必要になりますが、令和元年の基本通達改正で定期保険及び第三分野保険も洗い替え不要の対象になっているので、注意が必要です。また、払い済みの取扱いにつき、完全に明確になっていない部分もありますが、実務は進行しているので、慎重な判断が求められます。

解説

　途中から保険料の払い込みをやめ、その時点の解約返戻金を元にして、保障額は減少した生命保険に変更する方法を払い済みと言います。資金繰りの都合から保険料を継続して支払うことが大変だが保険契約を継続したいとき、解約返戻金が増えていくことを目的とするときなどに検討するものになります。

　まずは、払い済みのことを定めた法人税基本通達を見てみましょう。

法人税基本通達９－３－７の２（払済保険へ変更した場合）

　法人が既に加入している生命保険をいわゆる払済保険に変更した場合には、原則として、その変更時における解約返戻金相当額とその保険契約により資産に計上している保険料の額（以下９－３－７の２において「資産計上額」という。）との差額を、その変更した日の属する事業年度の益金の額又は損金の額に算入する。ただし、既に加入している生命保険の保険料の全額（特約に係る保険料の額を除く。）が役員又は使用人に対する給与となる場合は、この限りでない。

(注)　1　養老保険、終身保険、定期保険、第三分野保険及び年金保険（特約が付加されていないものに限る。）から同種類の払済保険に変更した場合に、本文の取扱いを適用せずに、既往の資産計上額を保険事故の発生又は解約失効等により契約が終了するまで計上しているときは、これを認める。

　　　2　本文の解約返戻金相当額については、その払済保険へ変更した時点において当該変更後の保険と同一内容の保険に加入して保険期間の全部の保険料を一時払いしたものとして、９－３－４から９－３－６までの例（ただし、９－３－５の２の表の資産計上期間の欄の（注）を除く。）により処理するものとする。

　　　3　払済保険が復旧された場合には、払済保険に変更した時点で益金の額又は損金の額に算入した金額を復旧した日の属する事業年度の損金の額又は益金の額に、また、払済保険に変更した後に損金の額に算入した金額は復旧した日の属する事業年度の益金の額に算入する。

改正前も同じ内容を定めた基本通達はあったのですが、改正前は「養老保険、終身保険、年金保険」が対象でした。ここに定期保険と第三分野保険が加わったのが令和元年の改正です。

だから、養老保険、終身保険、定期保険、第三分野保険、年金保険を同種類の払済保険に変更した場合は洗い替えをする必要はないのです。ただし、これらの保険に特約が付されていない前提です。払い済み時の解約返戻金と資産計上額の差額を益金の額または損金の額に算入しなくてもいいということです。

ただし、「同種類の払済保険」の定義が現時点で明らかになっていないのです。これにつき、「保険税務のすべて（ウェブ版）」（新日本保険新聞社）には「『同種類の』という部分には不明な点が残っている。逓増定期保険、逓減定期保険、長期平準定期保険、低解約返戻金型定期保険が同種類かというと違和感があるという意見が示されているが、詳細については改めて整理されるとされている。」という解説があります。このため、「同種類の」という部分をどう理解するのかについては明確な回答は現時点では出せませんので、国税庁からの情報を待つしかない状況です。ただし、私見を述べれば「保険税務のすべて（ウェブ版）」と同様で、定期保険であれば何でも同種類と考えるべきではない（広義に考えるべきではない）と考えています。

それから、（注）1の中で「既往の資産計上額を保険事故の発生又は解約失効等により契約が終了するまで計上しているときは、これを認める。」とあるので、全額損金となる生命保険を洗い替えた場合は資産計上額がないことから、洗い替えが強制されるかということが懸念されますが、これは国税庁の各生命保険会社への説明会、各保険会社から国税庁に対する個別照会において、全額損金の保険商品であっても同様の取扱いとなる（＝洗い替えの必要はない）という回答が示されています（参考：「保険税務のすべて（ウェブ

版)」)。

　ただし、『週刊 税務通信』（令和3年10月18日号）において、国税庁への取材によって「令和元年度の改正前における解約返戻率が50％超の全損保険を払い済みにした場合には洗い替えが必要」という旨の記事が出ました。結果として、「国税庁に取材した内容」と「国税庁が各保険会社に説明・回答した内容」に相違がある状況になっています。公表されている基本通達には「定期保険、第三分野保険を同種類の払済保険に変更する場合は、洗い替えが不要」と書かれているだけです。もっとも、この基本通達の解説文（『法人税基本通達逐条解説　十訂版』税務研究会出版局）には、国税担当者の「個人的見解」という前提で、「既往の【資産計上額がある場合】には、洗替経理処理を行わず～」と書いているので、国税としてはそう考えているのかもしれませんが、それは各保険会社に対する説明・回答とは相違している訳です。そのため、最高解約返戻率が50％超の全損保険を同種類の定期保険に払い済みにした場合の経理処理をどうすべきなのかは今後の状況を静観するしかないのです。

　もう1点。契約者貸付金がある生命保険を払い済みにした場合の処理です。これに関しては同じく「保険税務のすべて（ウェブ版）」に「なお、契約者貸付がある契約を同種類の払済保険に変更した場合、契約者貸付金が精算されるため全体として洗替経理処理が必要となるのではないかという意見もあるが、契約者貸付金の精算は一部解約であり、払済保険への変更とは分けて考えるべきという意見もあり、意見が分かれるところである。」と解説があるので、これも国税庁からの発表が待たれる部分になります。

　なお、この改正通達は改正前の既契約にも適用されることは確認が取れているので（参考：「保険税務のすべて（ウェブ版）」）、たとえば、平成30年に加入した長期平準定期保険を同種類の払済保険に変更した場合は洗い替えしなくてもいい訳です（もちろん、洗い

替えすることも認められます)。

　洗い替えは実務上よく出てくる処理となりますので、きちんと整理をしておいてください。

多くの人が誤解している・間違えているポイント

- ☑ 定期保険、第三分野保険を同種類の払済保険に変更した場合は洗い替えしてもしなくてもよい。

- ☑ 改正前の既契約についても改正通達は適用されるので、改正前の既契約を払い済みにした場合、洗い替えを強制するミスに注意しましょう。

事例03 生命保険料を支払った場合の損金算入時期

　会社の業績が悪く赤字の場合、支払っている生命保険料を損金に計上せず、資産計上することを検討することがあります。この処理は正しいのでしょうか？

ポイント

　法人税基本通達において「損金の額に算入する」と書いてあれば、それは「その事業年度の損金の額に算入する」ことになります。会社の業績の状況に応じて損金経理したり、資産計上したりを任意で選択することはできません。

解説

　まず、本題の前に法人税基本通達９－３－２（社会保険料の損金算入の時期）を見てみますが、次のとおり書いてあります。

> **法人税基本通達９－３－２（社会保険料の損金算入の時期）**
>
> 　法人が納付する次に掲げる保険料等の額のうち当該法人が負担すべき部分の金額は、当該保険料等の額の計算の対象となった月の末日の属する事業年度の損金の額に算入することができる。

　「損金の額に算入することができる。」と書いてあり、納付告知ま

たは実際の納付を待たずに、損金の額に算入しても問題ないという意味です。当然、納付告知または実際の納付の時の損金算入でも問題ない訳です。「できる」と書いてあるので、納付告知または実際の納付の前でも、納付告知または実際の納付の時でも「損金算入OK」と書かれている訳です。「できる」ので、どちらでもいい訳です。

　これに対して、法人税基本通達９－３－４（養老保険に係る保険料）には、こう書いてあります。

法人税基本通達９－３－４（養老保険に係る保険料）

（中略）

(3)　死亡保険金の受取人が被保険者の遺族で、生存保険金の受取人が当該法人である場合　その支払った保険料の額のうち、その２分の１に相当する金額は（…中略…）資産に計上し、残額は期間の経過に応じて損金の額に算入する。

　法人税基本通達９－３－５（定期保険及び第三分野保険に係る保険料）や９－３－５の２（定期保険等の保険料に相当多額の前払部分の保険料が含まれる場合の取扱い）においても「損金の額に算入する」と記載されています。

　「期間の経過に応じて損金の額に算入する」と書いてあり、「期間の経過に応じて損金の額に算入【できる】」ではありません。だから、期間の経過とともに、保険料の２分の１の額を損金の額に算入することはしなければならない処理であり、任意にこの損金算入時期を選択することはできない訳です。

　別の基本通達を例に挙げれば、９－６－１（金銭債権の全部又は一部の切捨てをした場合の貸倒れ）において「法人の有する金銭債権について次に掲げる事実が発生した場合には、その金銭債権の額のうち次に掲げる金額は、その事実の発生した日の属する事業年度

において貸倒れとして損金の額に算入する。」とあり、この場合も貸倒損失として損金の額に算入する時期を任意で選択することはできません。

　当社は複数の生命保険会社と生命保険に関する税務相談の顧問契約を結んでいる関係上、様々な税務相談が寄せられます。

　その中でも「資産計上しておけば問題ないですか？」という質問もありますが、そうではありません。「損金の額に算入する」場合は、その事業年度の損金の額となるので、これを資産計上する処理は認められないのです。損金の額に算入すべき金額を資産計上した場合、「その時点」での税務調査で問題になる可能性は低いとは思いますが、損金算入時期は任意ではないのです。

　損金の額に算入すべき保険料を資産計上すれば、本来の資産計上額よりも多額に資産が計上され、解約時や死亡時などの収益が計上される事業年度の収益に計上する額が減ってしまいますので、これが問題になる可能性もあります。「その保険料は15年前に損金にしておくべきものでしたね。」、「今からは当時の損金の訂正はできませんので、今回の保険解約に伴う収益はもっと増えて××円になります。」ということが起き得る訳です。当時の損金計上（その事業年度が赤字ならば繰越欠損金に影響）という機会を取り戻せないまま、税金を2回払うことになります。

　もちろん、これは養老保険に限った話ではありません。定期保険や第三分野保険の保険料についても、「損金の額に算入する」と書いてあるので、損金の額に算入しなければならないのです。だから、顧問先の社長から「今期は業績が悪く、定期保険の保険料を損金にしたくないから、資産計上したいのですが、どうでしょう？」と質問されたら、「それは不可能であり、それをしてしまうと将来の益金計上額がずれてしまいます。」という回答が正しいのです。ここは多くの方が誤解されているので、注意すべき点となります。

- ☑ 「損金の額に算入できる」と「損金の額に算入する」は違う意味である。

- ☑ 保険料の損金算入時期を間違えると、解約時や死亡時の益金の額がずれる。

事例 04　養老保険の保険料と給与課税の関係

　福利厚生を目的として養老保険に加入することも多いですが、その加入の仕方を間違えると、保険料のうち2分の1が給与課税されることになってしまいます。では、このような否認を受けないためには、どのようなことに注意をすればいいのでしょうか？

ポイント

　従業員の退職金準備、従業員に万が一のことがあった場合の遺族補償という福利厚生の観点から養老保険に加入することがあります。この場合、従業員全員で加入することが原則となりますが、加入資格や保険金額などに格差がある場合でも、その格差が職種や年齢や勤続年数などに応ずる普遍的、合理的格差であれば、給与課税はされません。

解説

　養老保険の基本的な加入形態は「契約者：法人、被保険者：(役員)、従業員、受取人：被保険者の遺族（死亡保険金）、法人（満期保険金）」となっています。そして、この保険料は法人税基本通達9－3－4、所得税基本通達36－31に定められており、福利厚生を前提とした加入形態の場合、保険料のうち2分の1が損金、2分の1が資産計上（保険料積立金）となっています。

　ただし、役員のみや部課長以上などの特定の使用人（これらの者

の親族を含む。）のみを被保険者とする場合は、2分の1を保険料として処理するのではなく、その役員または従業員に対する給与となります。この場合において、加入資格の有無、保険金額等に格差がある場合でも、それが職種、年齢、勤続年数等に応ずる合理的な基準により、普遍的に設けられた格差である場合は給与にはならず、保険料として損金になります。つまり、普遍的加入が求められるということです。

　また、役員または使用人の全部または大部分が同族関係者である法人については、たとえその役員または使用人の全部を対象として保険に加入する場合であっても、その同族関係者である役員または使用人については、給与課税されることになります。なお、全部が同族関係者である法人について否認された事例（国税不服審判所・平成18年10月17日裁決）があります。大部分については明記されたものはありませんが、保険税務に関する書籍を見ると「約8割が基準」という旨が記載されていますが、これも確定的に言えるものではありません。個人的には加入時には9割が同族関係者であっても、その加入の経緯や目的、その後の同族関係者以外の従業員の加入状況などにより、普遍的加入は認められると考えています。

　養老保険の保険料のうち2分の1が保険料として損金なのか？給与なのか？で問題になるのは加入資格と保険金額における格差であることが大半でしょうから、まずは加入資格の格差についてですが、例を一覧表にまとめてみます。いずれも、職種、年齢、勤続年数などに応じた合理的、普遍的格差であれば問題ないということです。

下記の者を被保険者とした場合は 普遍的加入に該当する	下記の者を被保険者とした場合は 普遍的加入に該当しない
・健康状態により加入できない従業員が いる（ただし、福利厚生の制度から外 すのではなく、代替措置を講じる必要 あり） ・勤続３年以上の者を対象（この結果、 全部または大部分が同族関係者、加入 者が少数（例：50％未満）となるよう な場合は普遍的加入に該当しない） ・一定の年齢以上の全員を対象 ・危険率の高い職種の従業員のみ	・男性のみ、または、女性のみ ・部課長職以上などの一定以上の役職者 のみ ・全員または大部分が同族関係者 ・新入社員（加入対象者）の加入、退職 社員の解約がされていない ・資格の有無、内容（例：正看護師、准 看護師）で差をつける

　また、内勤者と外勤者とで保険金額に差をつけることは職種の差による格差となりますし、保険会社が複数社であることも問題ありません。

　次に、保険金額についてです。国税不服審判所の裁決（平成27年6月19日）を見てみましょう。この事例は医療法人において問題になった事例であり、理事長と理事である妻を被保険者とする生命保険（養老保険、保険金額5,000万円）と従業員を被保険者とする生命保険（がん保険、保険金額600万円）という違いはあるものの、保険金額の差につき、国税不服審判所は次のとおり判断をしています。

裁決文
（略）こうした差異（著者注：養老保険とがん保険という差異）を捨象して比較してみると、（…中略…）がん入院保険契約における被保険者（所定の要件を満たす職員）の死亡保険金額は6,000,000円であるから、理事長及び妻はいずれも上記所定の要件を満たす職員より44,000,000円もの差がある多額の死亡保険金の被保険者になっていることが認められる（著者注：5,000万円÷600万円＝8.33倍）。

請求人は、これほどの大きな格差が存する理由について（…
中略…）理事長及び妻が、病院の経営に生涯責任を持ち、請求
人の借入金の保証人になっているからである旨主張するところ、
確かに、（…中略…）理事長及び妻が他の業務と並行しながら役
員として病院の経営に主体的かつ継続的に関与し、また、唯一
請求人の借入金の保証人になっていること等が認められ、これ
らの事実からすれば、理事長及び妻が他の職員とは質的に異な
る重い責任を負っているということができる。

　　請求人が主張する諸事情は、他の法規制等に抵触しない限り
において給与等に大きな格差を設けることの根拠にはなり得る
としても、（…中略…）本件通達の趣旨や、「職種、年齢、勤続
年数等」という列挙事由に照らせば、他に特別の事情のない限り、
福利厚生を目的として、死亡保険金に大きな格差を設けること
の合理的な根拠にはならないというべきである。そして、請求
人は、実質的に上記以上の具体的な主張をしておらず、当審判
所の調査によっても、上記特別の事情を見出すことはできない。

　このようになり、理事長と妻に対する保険料の2分の1は給与と
いうことになり、損金不算入となったのでした。何倍までなら認め
られるか？については明記されたものはありませんが、「保険税務の
すべて（ウェブ版）」に「これもよく質問を受けるのですが、これな
ら大丈夫というものはないのですね。保険金額の比率は給与の比率
ぐらいが目安という話もありますが、これも今一つはっきりしないで
すね。ある生保では『最高保険金額は3,000万円くらい、最高・最
低保険金額の倍率は5倍以内が目安』としていましたよ。どちらに
しても、ややこしいケースは所轄税務署に判断を仰ぐ必要がありま
すね。」とあります。5倍が絶対的な基準ではありませんが、格差が
ありすぎると給与課税となるリスクがあるのです。ちなみに、私が

過去に相談を受けた事例で小規模な会社で7倍の格差につき、税務調査で指摘されたものがありますので、これもご参考になさってください。

　なお、保険金額ではなく、保険料の額を揃えるケースもありますが、この状態は保険金額がバラバラになり、その格差は職種、年齢、勤続年数などに応じた合理的、普遍的格差とは言えないでしょうから、やはり給与課税のリスクはあるのです。

　それから、役員を被保険者とする生命保険の保険料を年払いしている場合において、これが給与と認定された場合、「役員賞与で損金不算入である」と指摘されるケースがあります。しかし、それは国税の指摘が間違っています。正しくは「年払い保険料であっても定期同額給与であり、それを金銭としての給与に合算した上で過大額判定」となります。

　実際に、国税庁のホームページにも「定期同額給与に該当する経済的利益の供与に関連して、例えば、法人が役員にグリーン車の定期券を支給している場合でその定期券が6ヶ月定期であるときや、役員が負担すべき生命保険料を負担している場合でその保険料を年払契約により支払っているときについては、これらの支出が毎月行われるものでないことから、その供与される経済的利益の額は定期同額給与に該当しないのではないかとの疑義を抱く向きもあるようである。しかしながら、『その供与される利益の額が毎月おおむね一定』かどうかは、法人が負担した費用の支出時期によるのではなく、その役員が現に受ける経済的利益が毎月おおむね一定であるかどうかにより判定することとなる。したがって、上記のように、法人の負担した費用が、その購入形態や支払形態により毎月支出するものでない場合であっても、当該役員が供与を受ける経済的利益が毎月おおむね一定であるときは、定期同額給与に該当する。」とあります（平成19年3月13日付課法2-3ほか1課共同「法人税基本通達等

の一部改正について」（法令解釈通達）の趣旨説明）。

　ただし、この給与に対する源泉所得税の徴収は賞与扱いとなります。ここは法人税と所得税で相違する部分なので、併せて覚えておいてください（参照：コンメンタール所得税法）。

　1つの情報として、「コンメンタール×所得税務釈義　逐条解説編」（第一法規）に記載されている内容を記載します。

　2　賞与として源泉徴収をすることとされているもの

　① 法人の役員に対する職務執行の対価（報酬）については、臨時的な報酬を役員賞与とし、原則として法人税の課税に当たり損金不算入とされてきたが、平成18年4月1日以後に開始する事業年度分から、定期同額給与、事前確定届出給与、利益連動給与などによる損金算入方式に改められている（法人税法34条）。

　この改正に伴い法人税における役員賞与の概念はなくなつたが、所得税の源泉徴収に当たつての賞与（賞与の性質を有する給与を含む。）と賞与以外の給与等との区分の変更はないので従来どおり、その支給時期、支給実態に応じて判断していくことになるものと考えられる。

（参考）

　平成18年度改正前の法人税法第35条第1項（役員賞与等の損金不算入）では、役員に対して支給する賞与の額は損金の額に算入しないことが定められており、役員に対する報酬が賞与に該当するかどうかが問題となるケースがあつたが、これについては、当時、次のような取扱通達が定められていた。この取扱通達の賞与に対する判断基準は、法人税法の改正によって変わるものでもないと考えられるので、当時の取扱通達の内容を参考として掲げておくこととする。すなわち、賞与とは、役

員又は使用人に対する臨時的な給与（債務の免除による利益その他の経済的な利益を含む。）のうち、他に定期の給与を受けていない者に対し継続して毎年所定の時期に定額（利益に一定の割合を乗ずる方法により算定されることとなつているものを除く。）を支給する旨の定めに基づいて支給されるもの及び退職給与以外のものをいい、法人がその役員や使用人に対して供与した経済的な利益のうち次に掲げるものは、原則として、賞与として取扱われていた（旧法人税基通９－２－10、９－２－16参照）。以下、（１）から（10）は略。

多くの人が誤解している・間違えているポイント

☑ 養老保険を福利厚生として利用する場合、加入資格の有無や保険金額などに格差があってもいいが、その格差が職種、年齢、勤続年数などに応じた合理的、普遍的格差であることが必要。

☑ 仮に、役員を被保険者とする年払い保険料が給与とされた場合であっても、認定賞与として損金不算入にはならない。

事例 05 養老保険の保険料が同額の場合の普遍的加入の考え方

　従業員の福利厚生のために養老保険に加入しているケースがありますが、従業員の保険金額ではなく、保険料額を同額にしているケースもあります。この場合、税務上の問題はないのでしょうか？

ポイント

　保険金額が違うということは福利厚生としての問題があるので、普遍的加入に該当しないという否認を受ける可能性があります。

解説

　保険会社、保険営業パーソンなどから従業員の福利厚生を目的とした養老保険に関して、「福利厚生を前提に法人で養老保険に加入（全員加入、受取人：満期保険金（法人）、死亡保険金（遺族））」という前提で「従業員の年齢が違うため保険金はバラバラだが、保険料は同額という場合でも普遍的加入に該当するか？」との質問をいただくことが間々あります。

　普遍的加入とは福利厚生が前提なので、原則として保障内容が同じ条件ということが必要です。そのため、保険料を同額にして保険金がバラバラという場合は、これを満たさないことになります。

　もちろん、その保険金額の格差が職種、年齢、勤続年数などに応じた合理的、かつ、普遍的なものならば OK ですが、保険料を同額にする前提でバラバラになった格差はそうはなりません。結果、こ

のような加入の状態は保険料の２分の１が役員、従業員に対する給与となるのです。

なぜ、２分の１が給与になるかというと、次の理由となります。国税不服審判所の裁決（平成８年７月４日）を見てみましょう。

裁決文

　一般に「養老保険」といわれる生命保険は、被保険者が死亡した場合に死亡保険金が支払われるほか、保険期間の満了時に被保険者が生存している場合にも満期保険金が支払われる生死混合保険であり、その保険料は、満期保険金の支払財源に充てるための積立保険料と、被保険者が死亡した場合の死亡保険金の支払財源に充てるための危険保険料及び新規募集費その他の経費に充てるための付加保険料とから成り立っている。

　つまり、養老保険の保険料には万一の場合の保障と貯蓄との二面性があるところから、これを会計処理の面からみると、死亡保険金の受取人が被保険者の遺族で、満期保険金の受取人が保険契約者である法人の場合、その支払った保険料のうち、法人が受取人である満期保険金に係る部分、すなわち積立保険料の部分については法人において資産に計上すべきことはいうまでもないが、死亡保険金に係る部分、すなわち危険保険料部分については、受取人が被保険者の遺族となっていることからみて、法人において資産に計上することを強制することは適当でなく、このような場合の危険保険料部分の取扱いについては、原則として、一種の福利厚生費として期間の経過に応じて損金の額に算入できるものと解することが法人税法第 22 条の規定に沿うものと認められる。

　そして、通常、生命保険の契約書等においては養老保険契約に係る保険料につき積立保険料部分と危険保険料部分とが区分

して記載されていないため、保険契約者においてこれを区分して経理することは困難であると考えられることからすれば、簡便的に、養老保険の支払保険料を2分し、その1に相当する額を当該支払保険料の危険保険料部分として損金の額に算入する旨を定めた法人税基本通達9－3－4の取扱いは、特段の事情がない限り、相当であると認められる。

死亡保険金の受取人は被保険者（役員、従業員）の遺族なので、これに対応する危険保険料が「保険料として損金か？」、「給与として認定されてしまうのか？」という論点になる訳です。危険保険料と対応する死亡保険金がバラバラである状態は「福利厚生の趣旨」を満たしていない訳です。

もちろん、加入資格の有無、保険金額などに格差がある場合でも、それが職種、年齢、勤続年数などに応ずる合理的な基準により、普遍的に設けられた格差ならば、給与にはなりません（所得税基本通達36－31）。

どこにも「保険料が同額ならば、福利厚生で問題ない」とは書いていない訳です。しかし、実際には定期的に質問を受ける内容ですし、この内容を私がフェイスブックに投稿したところ、ある保険営業パーソンの方が「散見されます」とコメントされていました。だから、税務調査があれば、役員、従業員を対象にした保険料の2分の1が給与になってしまうケースは世の中に一定数あると思われます。

これが否認されたら、「否認金額も多額になる。」、「従業員に『過去の保険料が給与課税されたから、来月の給与から、これに対する源泉所得税を控除する。』とは言えない。」となるのです。

従業員が負担すべき源泉所得税を会社が負担したら、これもまた給与となり、さらに源泉所得税の対象になり、これも負担したら、さらに源泉所得税の対象になります。これが繰り返され、最後は小

さな金額に収束するので、その総額が給与となる非常に面倒な計算になるのです。その当時は在籍していたが、既に退職した社員からは回収できないという問題もあります。

　もし、顧問先の法人がこのような形態で福利厚生を前提にした養老保険に加入しているならば、加入形態を改善する必要があるのです。

多くの人が誤解している・間違えているポイント

- ☑ 従業員の福利厚生のために養老保険に加入する場合、普遍的加入を満たすことが重要

- ☑ 保険料が同額という状況から生じる保険金額の格差は職種、年齢、勤続年数等に応じた合理的、普遍的格差に該当しないので、給与課税の問題が生じる。

死亡保険金の益金算入時期と
役員退職給与の額との関係

　役員が死亡して死亡保険金が法人に入金された場合、これを役員退職給与として支払うこともよくあります。では、この場合の死亡保険金の益金算入時期、役員退職給与の額との関係はどうなるのでしょうか。

ポイント

　死亡保険金の益金算入時期は任意で選択できるものではありません。また、死亡保険金が多額である場合、これをそのまま役員退職給与として支払うと、過大役員退職給与として否認される可能性があります。

解説

　私のところには様々な生命保険に関するご相談が集まってきますが、その中の1つに「死亡保険金（契約者と受取人：法人）の益金算入時期」があります。これはいつの収益（益金）に計上すべきなのでしょうか？　「被保険者が死亡した日」、「生命保険会社に死亡保険金の請求をした日」、「生命保険会社から死亡保険金の支払通知を受けた日」、「死亡保険金が入金された日」という様々な考え方がありますが、国税内部の質疑応答事例に次のものがあります。

受取保険金の収益計上時期

[問] この度、当社の取締役甲が不慮の事故で死亡した。甲を被保険者とし、契約者及び死亡保険金の受取人を当社とする生命保険契約により、当社は死亡保険金を受け取ることになった。この保険金の収益計上時期は、いつにすればよいか。

[答] 原則として、保険会社から支払通知を受けた日の属する事業年度において、収益に計上することが相当である。保険契約の内容によっても異なるが、一般的に、保険金の収益計上時期として考えられるのは、次の4つの日である。

1　被保険者の死亡した時（保険事故が発生した時、又はその事実を知った日）
2　保険会社に通知（請求）した日
3　保険会社から保険金の支払通知を受けた日
4　保険金の支払を実際に受けた日

　このうち、1については保険金支払の1つの要件を満たしたにすぎず、2についても支払われるかどうかは保険会社の調査等の後に決定されるところから、実際に受け取るべき保険金額が確定したとき、すなわち、3において収益に計上することが相当と思われる。

（出典：TAINS データベース：
法人事例 001075「受取保険金の収益計上時期」）

　だから、「保険会社から生命保険金の支払通知を受けた日」が属する事業年度の収益（益金）に算入することになるのです。ただし、税理士業界では権威ある出版社の書籍では「原則：死亡日に計上」、

「特殊な事情がある場合：支払い通知を受けた日に計上」という旨が記載されているものもあります。他の書籍でも、同旨が書いてあるものもあります。

　しかし、これについては、基本的に国税内部の質疑応答事例に記載があるので、「保険会社から保険金の支払通知を受けた日」で考えるべきでしょう。なお、税理士業界では非常に著名な酒井克彦先生（中央大学法科大学院教授）が編著・監修をされた書籍『クローズアップ保険税務』（財経詳報社）でも、「理論的には、死亡日とも考えられるが、保険実務上、保険金の支払通知を受けた日に計上すべきと考える。」と記載されています（一部削除）。

　これに関して、注意点が２つあります。まず１つ目が「意図的に生命保険会社への請求を遅らせれば、益金計上時期を遅らせることができるのか？」という点です。

　死亡後は諸々の手続きが煩雑なため、生命保険金の請求がすぐにできないこともあります。特に、持ち株数が多い代表取締役死亡の場合、新代表取締役の登記を完了させないと生命保険金の請求ができない、遺産分割が終わらないと株主総会の決議ができないこともあり得る、という事情もあります。

　だからといって、意図的に遅らせて翌期の収益に先送りにした場合は税務調査で否認される可能性もあります。ここは事実関係次第ではありますが、意図的に生命保険会社への請求を遅らせることはすべきではありません。

　そして、２つ目の注意点が「当期末近くで役員が他界した場合の役員退職給与との関係」です。「期末近くで役員が他界した。」、「当期末までに保険会社からの支払通知があった。」、「生命保険金を原資とする役員退職給与の決議は翌期になった。」という場合は注意が必要です。

　この場合、当期は生命保険金を収益（益金）に計上して法人税な

どを納税、翌期に役員退職給与に充当できる生命保険金は税引後の金額、となってしまいます。

　これを防ぐためには、当期末までに臨時株主総会を開催し、役員退職給与の額と支給時期を決議しておきましょう。なお、役員を被保険者とする生命保険契約であっても「生命保険金の額と役員退職給与の適正額には関係がない。」というのが、過去の裁判などの「一貫した考え方」です。これを争点にして争うことには意味がないと考えますので、ご注意ください。「生命保険金が×××円もあるので、役員退職給与を×××円にしたい」という考え方は過大役員退職給与のリスクを伴うのです。

　一例として、静岡地裁（昭和63年9月30日）を挙げておきます。この裁判は東京高裁（平成元年1月23日）で確定しています。

　このように保険金収入と同額の金員を当該死亡役員の退職給与として支給した場合であっても、利益金としての保険料収入と、損金としての退職金支給とは、それぞれ別個に考えるべきものであるし、一般に会社が役員を被保険者とする生命保険契約を締結するのは、永年勤続の後に退職する役員に退職給与金を支給する必要を充足するためと、役員の死亡により受けることがある経営上の損失を填補するためであるというべきであるから、会社が取得した保険金中、当該役員の退職給与の適正額より多額であると認められる部分は、役員の死亡により会社の受ける経営上の損失の填補のために会社に留保されるべきものである。

　したがって、被告（著者注：国税）が保険金の支払いの有無をAに対する退職給与の適正額算定の資料として特段の斟酌をしていないとしても、これをもって、不当な算定方法であるということはできない。

他の裁判例も同様の考え方が示されているので、これを争点にして争うことはあまり意味がないと考えます。過大役員退職給与にならないよう、「最終報酬月額×在任年数×功績倍率」の計算式は常に意識しておくべきでしょう。

多くの人が誤解している・間違えているポイント

- ☑ 死亡保険金の益金計上時期は「保険会社から保険金の支払通知を受けた日」と考えるのが原則

- ☑ 死亡保険金の額と役員退職給与の税務上の適正額との間に相関関係はないので、別々に考えることが必要

第5章

税務調査に関する税務

架空経費が計上されていても、重加算税を回避できた事例

税務調査で架空経費が発見されることがありますが、基本的には隠ぺいまたは仮装となり、重加算税の対象になります。しかし、これが回避できた事例があるのです。どんなケースだったのでしょうか？

ポイント

重加算税はあくまでも国税通則法68条に定める「隠ぺい」または「仮装」という行為があった場合に課されるものです。法人に税務調査があれば、5社に1社が重加算税の対象になっていますが、このうち、納税者や税理士が適正に反論できていないケースも多数あると思われます。

解説

「不動産会社が架空経費を未払い計上し、重加算税を課された。」という事例があった場合、「ああ、よくあることだな…。」と思うのが通常でしょう。しかし、架空経費であるにも関わらず、重加算税を回避できた事例があるのです。

令和3年3月24日に公開された国税不服審判所の裁決（令和2年9月4日）を取り上げてみましょう。まず、この事例の前提条件を書きます。

● 問題になったのは不動産業を営むA社。

● Ａ社はある不動産取引に関し、Ｂ社に資金調達を依頼。

● Ｂ社はＡ社に資金提供をしなかった。

● Ａ社は別の会社から資金提供を受け、不動産取引を成約させた。

● Ａ社は決算において、Ｂ社に対する手数料1.5億円を未払い計上。

　これが税務調査で否認され、重加算税も課されたのでした。

　Ａ社は1.5億円の経費が損金にならないことは認めたものの、重加算税に関しては争ったのです。一見すると、争う意味のないようにも思える案件ですが、次の背景もあったのです。

● Ａ社とＢ社は複数の不動産取引を共同事業として手がけようとしていた。

● Ｂ社作成の書面に「共同事業契約締結済み」と記載。

● この書面に、今回の不動産取引に関する手数料1.5億円と記載。

　そのため、国税不服審判所は次のとおり、判断したのでした。

● Ａ社とＢ社が、本件不動産の取得を含む複数の不動産取引を共同事業として手がけようとしていた時期があり、その事業の目論見を書面化したものとして本件書面が作成されている。このことからすれば、結果的に、Ｂ社から請求人に対し本件不動産の取得のための資金調達に係る役務提供はなかったとしても、請求人が（…中略…）主張するように、Ａ社が本件不動産に関してＢ社に共同事業契約の話を持ちかけ、その後、資金提供を拒否されるまでの間に、Ｂ社が資金提供以外の何らかの役務提供を行っていたとＡ社が認識し、それに対して対価を支払う必要があると考えていた可能性がまったくないとまではいえない。

● そうすると、Ａ社が、Ｂ社に対して本件金員を支払う必要はないと認識していたにもかかわらず本件金員を支払手数料勘定に計上させたことをただちに認定することはできない。

● したがって、Ａ社が顧問税理士に指示し、本件金員を総勘定元帳

の支払手数料勘定に計上させた行為が、故意に事実をわい曲した
ものと評価することは困難である。

● 当審判所の調査によっても、他に本件金員の計上に関して故意に
事実をわい曲したと認めるに足る証拠はなく、その他、仮装と評
価すべき行為を認めるに足りる証拠もないことからすれば、本件
において、請求人に、通則法第68条第1項に規定する「隠ぺいし、
又は仮装し」に該当する事実があったものとして同項を適用する
ことはできない。

　A社は1.5億円の損金不算入は認めていることから、本当に事実
誤認だったのでしょう。そのため、重加算税については争うことに
したのでしょう。全体的な流れから判断し、国税が重加算税を賦課
した流れも理解できるし、納税者が反論した意味も理解できる事例
です。

　ただし、私がこの事例を読んで思ったことは「A社において当初
は事実誤認であったとしても、1.5億円の未払金が計上されたまま
であることを認識していたか？」という点です。

　なぜならば、1.5億円の架空経費は平成28年5月期で未払金に
計上されており、税務調査は平成30年10月だったからです。とい
うことは、平成29年5月期、平成30年5月期の決算書にも1.5億
円の未払金は計上されたままになっていた訳です。通常は税理士が
チェックし、平成29年5月期の決算時に「1.5億円の未払金が残っ
たままですが、大丈夫でしょうか？」と確認するはずです。ましてや、
それが2年間も残っていたら、おかしい訳です。

　私が顧問税理士ならば、この詳細を確認し、架空経費を計上して
いる平成28年5月期の修正申告を勧めます。余りにも金額が大き
いのと、税務調査があれば確実に指摘され、また、重加算税と言わ
れる可能性も高いものだからです。実際、その通りになっている訳

です。

　税理士が確認・指摘したのか？お客様が事前の修正申告を拒否したのか？両者とも完全にスルーしていたのか？この辺りの事実関係は裁決文には載らないのでわかりません。

　ただし、間違えた経理処理をしてしまった場合、特に金額が大きい場合には事前に修正申告することも検討すべきです。そうしないと、今回の会社のような話になってしまう可能性もある訳です。

　対応する税理士としても、1つの経費を否認した単なる修正申告であれば、数万円程度の報酬で対応できるでしょうが、国税不服審判所で争うとなると、そうはいきません。まったく作業量が違うからです。

　そういう意味も含め、多額のミス、重加算税と指摘される可能性があることに関しては、事前に修正申告をしておくべきなのです。

多くの人が誤解している・間違えているポイント

☑ 法人に税務調査があれば、5社に1社が重加算税の対象になっているが、争えば取り消しになるケースも相当数あると考えられる。

☑ 大きな金額でもあり、重加算税を課される可能性が高い項目が発見されれば、自ら修正申告しておくべきである。

事例 02　税務調査で否認される場合の根拠となる具体的資料

　税務調査があった場合、簿外経費の存在や貸倒損失などを除き、否認項目の大半の立証責任は国税側にあります。関係先への反面調査が行われることもあります。では、具体的には、どんな資料を調べられるのでしょうか？

ポイント

　取引先だけでなく、金融機関の稟議書やその他の書類なども調べられることがあるため、反面調査によって容易に隠ぺいや仮装の事実が判明することがあります。

解説

　今は新型コロナウイルス感染症の拡大の影響から税務調査の件数も少ないですが、だからといって、これに甘えていい加減なことをしていると、後で多額の否認に至る可能性があります。

　そこで、ここでは税務調査があった場合、「どんな資料が否認の証拠になるのか？」ということの「例」を挙げてみます。法人の事例ではありませんが、居住用財産を譲渡した場合の 3,000 万円控除の適用をめぐり争われた事例をみていきましょう（国税不服審判所・平成 22 年 2 月 23 日裁決）。

　では、この事例の前提条件を時系列で並べます。

● 平成 7 年 4 月 28 日：甲氏は A 市内にマンション（以下、「A マンショ

ン」という）を取得

● 平成 19 年 5 月 21 日：甲氏は住民票を B 市から A マンションのあ
　る A 市に異動（A 市に転入、B 市と A 市は新幹線で移動する距離）

● 平成 19 年 7 月 20 日：甲氏は仲介業者と A マンションの売却に
　関する媒介契約を締結

● 平成 19 年 8 月 3 日：甲氏は A マンションの売買契約を締結

● 平成 19 年 9 月 28 日：甲氏は住民票を A マンションのある A 市か
　ら「再び」B 市へ異動（A 市から転出）

　この前提の下、A マンションが「自宅」だったか否かが争われた
訳です。結果は「A マンションは自宅ではないので、3,000 万円控
除は適用できない。」となりました。さらに、「3,000 万円控除を使
うために住民票の異動をし、自宅と仮装したので、重加算税の対象
である。」とも判断されました。
　この事例において、居住の実態がない証拠となったものは次のと
おりです。

● 電気、ガス、水道の使用料

● 銀行口座の入金に係る取扱支店の所在

● クレジットカードが利用された店の所在

● 通院している医療機関の所在

● A マンション売却の仲介業者の業務日誌に「空家」「連絡先は A
　マンション管理人」と記載

● 行動内容に基づく滞在地の状況

　これらの資料から「居住の実態は A 市ではなく B 市にあり、A マ
ンションは自宅ではない」と判断された訳です。この事例の甲氏も
ここまで調べられるとは思っていなかったかもしれません。しかし、
「ここまで調べられるのが税務調査」なのです。

　法人や相続の税務調査の話も含めて他の資料の話をすれば、こんなものもチェックされる可能性があります。

● 金融機関の業務日誌、稟議書

● 金融機関の防犯カメラやATMの映像

● 金融機関の貸金庫の入退室記録

● 金融機関の定期預金などの書き換え書類の筆跡

● メール、その他の業務システム

● 社内会議の記録

● パソコンに保存されているファイルの作成日時、更新日時

● パソコンから削除したファイル（削除したデータでも復旧させるツールがあります）

　たとえば、金融機関の業務日誌を調べれば、役員退職給与を支給された元代表取締役（現在は会長）が代表取締役退任後も融資の交渉の現場に立ち会っている事実関係などが白日の下にさらされてしまい、役員退職給与の否認につながることはよくある話です。

　結果として、「そこまで調べられたら、ばれてしまう…」ということは多い訳です。たかが税務調査、されど税務調査。税務調査官は「過去に行われてきた多くの不正のケース」を知っている訳です。何を調べれば、それが明白になるかも知っている訳です。

　私が色々なご相談をお受けする中で、「では、○○を私が調べて、こう質問したら、どう答えますか？」とお客様に質問することがあります。そうすると、お客様は「確かに、無理ですね。」とお答えになることが大半な訳です。

　私は税務調査官の経験はありませんが、過去の裁決や判決をかなり研究しており、「どういう資料が問題になるのか？」を熟知していますので、これをお客様にお伝えして否認の回避をしている訳です。何でも「事前に」相談してセカンドオピニオンも聞いておくことの

大切さです。内容を問わず、私にご相談のあった方の多くが「もっと早くに相談しておけば良かった…。」とお話しされることも事実です。

多くの人が誤解している・間違えているポイント

- ☑ 税務調査があって反面調査がされると、様々な資料が調べられる可能性がある。

- ☑ 過去の経験則から、税務調査官は何を調べれば否認の根拠が出てくるかを知っているので、簡単に否認に至るような行為をすべきではない。

納品日「前」の請求書で損金に計上したら、重加算税なのか？

　商品の納品前、工事の完了前であっても、請求書が発行されることは商取引上でよくあります。これは費用計上を意図的に前倒しにする趣旨ではなく、予算の消化上の都合など、隠ぺいや仮装とはまったく関係ないこともよくあります。しかし、これに対して重加算税が課されることがありますが、このような指摘がされた場合、どのように対応していくのがいいのでしょうか？

――― ポイント ―――

　国税通則法第68条に定められている重加算税を課すためには「隠ぺい」または「仮装」という行為が必要です。これらの行為がない状態で課される重加算税は違法となりますので、税務調査の現場で適正に反論することが重要です。なお、法人に税務調査があれば、5社に1社が重加算税の対象になっていますが、これは税理士が国税の主張に対して適正に反論できていないことも大きな要因と考えます。

解説

　重加算税の賦課の是非について争われた具体的事例（国税不服審判所・令和2年3月10日裁決）を見てみましょう。まずは、時系列の事実関係です。

● 平成19年10月31日：A社は賃貸住宅を購入

195

- 平成 30 年 1 月 13 日付：修繕業者 B 社から修繕費（雨漏り）の見積書を受領し、程なく発注
- 平成 30 年 3 月 31 日付：B 社から「納品日 3/30」と書かれた請求書を受領
- 平成 30 年 3 月 31 日までに B 社は下請業者の手配や近隣住民への説明その他施工に向けた準備にとりかかっていた。
- 平成 30 年 3 月 31 日：修繕工事は未完了だが、「修繕費／未払金」と経理処理
- 平成 30 年 4 月頃：A 社は B 社に請求書の発行を依頼して受領
- 平成 30 年 7 月 31 日：遅くとも、この日までに工事は完了
- 平成 30 年 9 月 28 日：A 社は B 社に修繕費用の支払い

　当然、修繕費は平成 30 年 3 月期の損金にはならず、平成 31 年 3 月期の損金となります。ただし、この裁決で争われたのはそこではなく、重加算税の対象になるか？否か？という点です。この状況の下、国税は次のとおり、主張しました。

- A 社は期末日までに修繕工事が開始すらされていないことを認識していたにもかかわらず、B 社に請求書の発行を依頼した。
- この依頼に基づき、B 社は「納品日」欄に「3/30」と虚偽の記載をした請求書を発行しているのであり、「相手方との通謀による虚偽の証ひょう書類の作成」に該当する。
- A 社の勘定科目内訳明細書の記載内容からすれば、A 社代表者は将来の費用を当期の費用と区別すべきという会計知識を有していた。
- 期末日までに修繕工事が完了していなければ、損金の額に算入できないことを認識した上で、所得金額と法人税額を過少にする意図の下、受領した請求書を基に修繕費を総勘定元帳に計上し、記載して損金の額に算入した。

● この行為は「帳簿書類への虚偽記載」に該当する。

　これに対し、Ａ社は次のとおり、反論しました。
● Ａ社代表者は、建物の雨漏りがこの期に発生しており、豪雪のために完了はしていないが、修繕工事は本来修繕すべき期に計上すべきと認識していた。
● そのため、修繕費の額を確認するため、Ｂ社から請求書の交付を受けたにすぎず、請求書の納品日も請求書の発行システムの便宜上入力されただけで、修繕工事の完了日とは異なる。
● 請求書の発行は通謀による虚偽の証ひょう書類の作成に該当しない。

　そして、国税不服審判所は次のとおり判断しました。
● Ｂ社がＡ社代表者の求めに応じて請求書を発行したことは、Ｂ社が修繕工事の実施に向けた準備作業を行っていたところに、Ａ社代表者から依頼があったからこそ、請求書を発行した。
● 修繕工事につき、Ｂ社が施工することが確かなものとして施主であるＡ社側から依頼があれば、竣工前に請求書を発行してもあながち不自然ではない。
● 請求書の「納品日」欄「3/30」は、Ｂ社の請求書発行に係るシステムの便宜上「3/30」と入力されたにすぎない可能性も否定できない。
● 請求書の「納品日欄＝修繕工事の完了日」という証拠はない。
● 請求書の「納品日」欄に「3/30」と記載がされているからといって、請求書がただちに虚偽のものであるとまでは評価できない。
● 国税が国税不服審判所に提出した証拠（「質問応答記録書」など）をみると、次のとおりとなっている。
　・Ａ社代表者がＢ社に修繕工事の代金に関して請求書の発行を依

頼した旨の記述「は」されている。

・請求書の「納品日」欄に修繕工事の完了日として「3/30」と記載することを依頼したこと、つまり、請求書の発行に当たり、修繕工事の完了日を平成30年3月30日にする旨を依頼した事実に関する記述「は」存在しない。

● 国税が提出した証拠からは、国税主張の事実を認めることはできない。

● 総勘定元帳、決算書、確定申告書、勘定科目内訳明細書は、A社代表者ではなく、いずれも顧問税理士が作成したものである。

● A社代表者は、通常、入出金に係る会計伝票を作成するにとどまっている。

● 今回の修繕費のような未払金に関する会計伝票は作成していない。

● A社代表者が経理事務を担当していることなどを加味しても、A社代表者に国税が主張するような税務会計に関する知識や認識があったと認めることはできない。

結果として、重加算税は「違法な課税処分」とされた訳です。繰り返しになりますが、「商品の納品前」や「工事の完了前」でも、請求書が発行されることは商慣習上、よくあります。これが故意の過少申告を意図したものであれば別ですが、そうでなければ、重加算税は課税されない可能性が高いのです。

この事例は国税不服審判所まで争ったので、納税者の主張が認められた訳です。しかし、多くの場合は税理士が国税の主張に折れ、納税者もこれを認め、納税者の主張が認められるにも関わらず、自ら認めている事例もかなりあります。

重加算税が課されれば、その法人は「過去の調査事績及び資料情報等から不正計算が想定され、特に注視する必要がある法人」とし

て、国税内部のデータに原則として登録され続けることになります。そうなってはいけないのです。十分にご注意ください。

　なお、国税が重加算税を課す場合、「質問応答記録書」を作成することが大半です。なぜならば、国税不服審判所や裁判所に「証拠」として提出することを想定しているからです。この質問応答記録書への署名押印があったとしても、国税不服審判所で争った結果、納税者の主張が認められた事例もありますが、争うことも想定した上での証拠として作成されるのが質問応答記録書なので、十分に注意する必要があるのです。ちなみに、質問応答記録書への署名押印は義務ではなく、任意の行為です。

多くの人が誤解している・間違えているポイント

☑ **国税が重加算税を課すためには「隠ぺい」または「仮装」という行為が必要だが、一見すると、これらに該当するような行為であっても、そうではないことは多々ある。**

☑ **意図的な過少申告を前提にした行為ならば重加算税を課されても仕方がないが、納税者にそのような意図がないのであれば、絶対に争うべき。**

事例 04 取引先との親睦団体における収益は法人に帰属するのか？

「○○協力会」など、取引先との親睦団体を作っていることがありますが、この親睦会における収益は法人に帰属するのかについて争われた事例があります。また、この事例においては重加算税と更正期間についても争われています。では、これらの問題はどのように考えていけばいいのでしょうか？

親睦団体おける損益の帰属は、あくまでも事実関係により変わります。

解説

取引先との親睦団体を作っている場合がありますが、これについて争われた事例があります。国税不服審判所の裁決（平成26年11月10日）です。

まずは、この事例の前提条件です。

○ A社とA社の取引先で組織された親睦団体Bがある。

○ Bの事務所はA社の事務所内にある。

○ Bには、Bが管理している預金口座がある。

○ 問題になったのは次の2つの損益の帰属

（1）懇親会と新年会（以下、「懇親会等」という）

（2）祝賀会

　今回は「懇親会等」と「祝賀会」を分けて考える必要があります
ので、この点を覚えておいてください。

(1) 懇親会等

　　○ 開催案内、参加会費の領収証：A社名で発行

　　○ 開催案内に参加会費の記載あり。

　　○ 入出金の差額はBの銀行口座に入金

　　○ Bの収支報告書にも記載

(2) 祝賀会

　　○ 招待状に参加会費の記載なし。

　　○ 入出金の差額はBの銀行口座に入金

　　○ Bの収支報告書にも記載

　　○ 祝賀会が開催されたホテルの会場の看板には「A社××祝賀会」
　　　　と表示。

　　○ 祝賀会の出席者に配付された式次第の表紙にも「A社××祝賀
　　　　会」と記載。

　　○ 招待状、祝賀会終了後のお礼状にはBの名称は記載なし。

　　○ 祝賀会の式次第の内容にも、Bの役員の挨拶はなし。

　この状況の下、平成19年2月期～平成24年2月期の「6期分」
が更正されました。争点は次の3点です。

● 懇親会等、祝賀会の損益はA社に帰属するか？

● 重加算税の対象になるのか？（「隠ぺい」または「仮装」があっ
　　たか？）

● 6期分の更正が認められるか？（「偽りその他不正の行為」があっ
　　たか？）

　「隠ぺいまたは仮装」と「偽りその他不正の行為」はニアイコール
ですが、違う概念の行為です。「隠ぺいまたは仮装」は重加算税の

対象になる行為、「偽りその他不正の行為」は7年間の更正決定の対象になる行為です。「隠ぺいまたは仮装」という行為があっても、「偽りその他不正の行為」がない場合は5年間までの更正決定しかできません。

　そして、国税不服審判所は次のとおり判断しました。

(1) 懇親会等

● 開催案内に会費の記載あり。

● 内容が講演会と懇親会であり、Bの会則と合致した行事。

● 開催案内や領収証がA社名になっていたこと等だけでは、損益がA社に帰属するか、Bに帰属するかは判断できない。

● 入出金の差額は銀行口座に入金され、Bの収支報告書にも記載

● 国税は「A社が懇親会等の意思決定している」と主張するが、主催者がA社か? Bか? は明確ではなく、国税の主張を裏付ける証拠もない。

● 懇親会等の損益は A 社に帰属しない。

(2) 祝賀会

● 祝賀会の会場の看板の表示、式次第の表紙は「A社××祝賀会」となっていた。

● 式次第の内容にもBの役員挨拶がなく、Bに関する記載もなかった。

● A社が祝賀会の主催者であると認めるのが相当である。

● 招待状に参加会費の記載がなく、招待客がA社の××の祝金として任意に持参したもの。

● 祝金はお祝いをする者からお祝いをされる者に贈呈されるものなので、祝金はA社が受領すべきもの。

● 祝賀会の損益はA社に帰属する。

　このようになり、懇親会等と祝賀会は「共にBの口座に入金されている。」、「ともに収支報告書にも記載されている。」という状況でありながら、判断が分かれたのでした。

　次に、「重加算税」と「6期分の更正」がどうなったのか？です。まず、懇親会等の損益はそもそもA社には帰属しないという結論なので、当然、2つとも議論の俎上(そじょう)にも載りません。

　だから、祝賀会の損益につき、上記2つの議論になる訳です。これを重加算税、6期分の更正に分けてみていきましょう。

○　重加算税

　・祝賀会が開催された年には定期的に開催されていた懇親会が開催されなかったので、A社が「祝賀会の損益はBに帰属する」と認識していても、おかしい話ではない。

　・祝賀会の入出金の差額はBの口座に入金され、Bの会費とともに管理されている。

　・重加算税の対象ではない。

○　6期分の否認

　・上記のとおり、隠ぺい、または、仮装もないし、その他に「偽りその他不正の行為」に該当する証拠もない。

　・6期分の更正はできない。

　このようになった事例です。この事例から学ぶことは「一見、同じように見えるものでも判断が分かれる。」、「本当に重加算税の対象になる行為なのか？」、「本当に7年間の更正決定の対象になる行為なのか？」ということです。

　税務調査が多い時期は単発の税務相談も増えますが、これらのご相談を通じて私が感じることは「そもそも、処理する前に相談して頂ければ、こんなことにはならなかった。」、「税務調査のもっと早い段階で相談して頂ければ、ここまでこじれることはなかった。」、「今からでも「正当な反論」をぶつけることで否認の回避は可能だが、

手間と時間がかかる可能性がある。」ということです。

　税務調査で問題になる可能性がある事項（特に、金額が大きいもの、重要な事項）については、事前に事実関係を整理し、書類関係を整え、税務調査に備えておくことが重要なのです。

多くの人が誤解している・間違えているポイント

☑ 同じような状況であっても、細かい事実関係により、是否認が変わる。

☑ 親睦団体における損益の帰属を親睦団体に帰属させるためには、親睦団体が主催運営している形式及び実態を整えることが重要であり、本業の会社との運営関係を明確に分ける必要がある。

☑ 「隠ぺいまたは仮装」、「偽りその他不正の行為」はニアイコールであるが、違う概念。税務調査で指摘された場合は適正に反論することが重要。

社長の1人飲みを交際費に計上したら、重加算税なのか？

本来はあってはならないことですが、社長が個人的に1人で飲みに行った費用が交際費に計上されていることがあります。では、これが税務調査で問題になった場合、損金として認められないことは当然として、重加算税の対象にはなってしまうのでしょうか？

━━ポイント━━

重加算税の賦課が適法と判断された事例がある一方、これはおかしいという見解もあります。そのため、**事実関係を精査した上で国税と交渉を進めていくことが重要です。**

解説

本来はあってはならないことですが、中小企業においては「社長の1人飲み」の費用が交際費などとして処理されていることがあります。これが問題となったことにより修正申告に至り、重加算税も賦課され、この重加算税について、争われた事例があります。東京地裁（令和2年3月26日判決、東京高裁（令和3年1月28日判決））を取り上げましょう。

納税者である法人A社、B社、C社は社長の1人飲みの費用が交際費に該当しないことは認め、「社長に対する貸付金」として処理し、修正申告には応じています。ちなみに、A社はパチンコ業、B社は労働者派遣業、C社は飲食業を営む法人です。

この事例は「社長が1人で銀座のクラブで飲んだ費用が交際費になっていた。」、「個人名義のクレジットカードで支払っていた。」、「交際費の限度額を考え、3社に振り分けていた。」というものです。

　ちなみに、税務調査時に税務調査官が作成した質問応答記録書には次のとおり記載され、社長の署名がされています。かっこ書きは私が追記しました。

> 　私が（3社への振り分けを）行いました。各社に振分けた理由は法律の限度に基づいて交際費を振分けることによりめいっぱい（目一杯）限度が使えると思ったからです。店に依頼して領収証には振分け後のそれぞれの会社名を記載してもらいました。

　この事例において、東京地裁も東京高裁も「重加算税の賦課は適法」と判断したのでした。しかし、このような重加算税の賦課には個人的には疑問が残る部分もあります。実際、元国税庁の要職にあり、筑波大学名誉教授・弁護士の品川芳宣先生は『週刊 T&A master』（No.882）の中で「過去の裁判例と比較しても、重加算税の賦課は困難である。」、「ただし、今回の事例が重加算税が賦課され得るという先例とも言える。」という趣旨のことを述べられています。結果、社長の1人飲みの費用を交際費等として処理されていた場合、これが重加算税の対象になる可能性があることを認識しておきましょう。

　ちなみに、今回の事例は社長の1人飲みの費用を「社長に対する貸付金」として、修正申告することで国税も認めてくれました。しかし、これが役員賞与と判断された事例（東京地裁・昭和56年4月15日判決）もありますので、絶対に貸付金処理が認められる訳ではありません。

　なお、このような事例で役員賞与か？役員に対する貸付金か？

という交渉を国税とする場合、国税に「取締役会議事録」、「金銭消費貸借契約書」、「振替伝票」という「3点セット」の作成を打診し、交渉することになります。この「3点セット」は法令や通達に明記されているものではありませんが、国税内部の慣習として存在するものです。併せて覚えておいてください。

　それから、今回の事例は重加算税についてのみでなく、「税務調査の手続きの違法性」についても争われました。次のような事情があったからです（納税者の主張より）。

(1) 青色申告の承認を取り消す旨を告げ、修正申告に応じるように圧力をかけた。

(2) ホステスの拡大写真を振りかざしながら、社長の妻に事情を聞きに行く旨を告げ、家庭不和が生じるのではないかとの不安をかき立てることにより、修正申告に応じるように圧力をかけた。

　(1)については、「圧力」と感じるかどうかは多くのケースにおいては「納税者の受け取り方」という問題になってしまいますし（実際問題として、納税者が「圧力」と感じることは多々あるのでしょうが）、これは余程のケースでない限り、認められないでしょう。実際、東京地裁も次のとおり、判断しています。

判決文

　仮に、○○税務署職員が社長に対し、青色申告の承認の取消しについて言及した事実があったとしても、（…中略…）原告らは、本件各事業年度に係る「帳簿書類に取引の全部又は一部を隠蔽し又は仮装して記載し」ており、○○税務署長において原告らの青色申告の承認を取り消すことも可能な状況にあったといえるから、本件税務調査の中で青色申告の承認の取消しについて言及することが社会通念上相当な限度を超えるものということはできず、この点において本件税務調査に瑕疵があったと

認めることはできない。

(2)についても「社会通念上相当な限度を超えるものとは言えない」
と判断しています。なお、納税者は「妻は単なる形式上の役員」と
主張しています。

判決文

　〇〇税務署職員が社長に対し、社長の妻に対して説明を求め
なければならないと述べたことについても、本件各クラブに係
る支出額は原告の交際費としても計上されていたことに照らせ
ば、原告の唯一の取締役である妻に事情を尋ねる必要性は直ち
に否定し難く、また、妻の実際の経営への関与については調べて
みなければ分からないことでもあるから、上記職員が妻に説明を
求める旨を述べたことが質問検査権の行使の態様として社会通
念上相当な限度を超えるものということはできず、この点にお
いても本件税務調査に瑕疵があったと認めることはできない。

「社長の1人飲み、個人的な交友関係に基づく飲食費」、「社長が
家族で行った飲食費」などが交際費などで処理されていることはあ
り得ます。ただし、このような状況に至った事例もあることをしっ
かりと覚えておいていただき、顧問先の社長に注意喚起をしておく
必要があるのです。

多くの人が誤解している・間違えているポイント

☑ 社長の1人飲みなどが交際費に計上されている場合、重加算税の対象になり得る。

☑ 重加算税の対象ではないという見解もあり、国税と粘り強く交渉していくことが重要である。

税務調査において
重加算税を課された場合の
事後対応

　税務調査において重加算税を課された場合、国税のシステム KSK（国税総合管理システム）において「第3グループ」として登録され、「不正計算が想定されるため、特に注視すべき法人」となります。では、一度でも重加算税がかかってしまうと、この第3グループから脱却する方法はないのでしょうか？

―― ポイント ――

　多くの税務調査官も知らない可能性が高い方法ですが、その後の税務調査の状況によっては第3グループから脱却方法があります。

解説

　第3グループに登録された法人は「過去の申告事績及び調査事績ならびに資料情報から不正計算が想定されるため、社会経済情勢の変化に対応した的確な調査事務の運営を図るためまたは適正な課税の実現もしくは納税秩序の維持等を図るため、特に注視する必要があると認められる法人」と位置づけられます（法人税個別通達「実況区分の取扱いについて（事務運営指針）」平成12年6月14日課法3－14）。

　この実況区分とは第1～3グループの区分のことを指します。

平成 12 年 6 月 14 日課法 3 − 14

実況区分の取扱いについて（事務運営指針）

　標題のことについては、別紙のとおり定めたので、平成 12 年 7 月 1 日以降は、これによられたい。

（趣旨）

　法人の事業実態等の的確かつ効率的な把握・分析・検討並びに効果的な指導事務及び調査事務の運営を図るため、原則としてすべての法人を過去の申告事績及び調査事績並びに資料情報に基づいて区分して管理することとするものである。

（別紙）

実況区分の取扱い

1　第 1 グループ　略

2　第 2 グループ　略

3　第 3 グループ

　過去の申告事績及び調査事績並びに資料情報から不正計算が想定されるため、社会経済情勢の変化に対応した的確な調査事務の運営を図るため又は適正な課税の実現若しくは納税秩序の維持等を図るため、特に注視する必要があると認められる法人については、第 3 グループに区分して管理する。

⑴ 判定

　第 3 グループに判定する法人は、原則として、次に掲げる基準のいずれかに該当する法人とする。

イ　実地調査の結果、常習的に多額の不正計算を行っていることが把握された法人

ロ　実地調査において不正発見に至らなかったが、不審点が残

り多額の不正計算が潜在すると想定されるため、継続して注視する必要があると認められる法人

ハ　代表者等に関する探聞情報等から多額の不正計算が行われていることが想定されるため、特に注視する必要があると認められる法人

ニ　重要資料等があり、かつ当該重要資料等以外に調査着手及び調査展開を効果的に行うための資料情報を継続して収集・蓄積する必要があると認められる法人

ホ　取引先等他の者の不正計算に加担又は援助していると認められる法人のうち、取引の正常化及び有効な資料情報の把握のため、特に注視する必要があると認められる法人

ヘ　事業規模等が急激に膨張しているため、特に注視する必要があると認められる法人

ト　他署管内に多数の事業所等を有しているため、特に注視する必要があると認められる法人

チ　同族グループ法人のうち、広域的に事業を展開しているため、特に注視する必要があると認められる法人

リ　海外取引法人のうち、海外取引の規模等からみて特に注視する必要があると認められる法人

ヌ　大口決定等を行った無申告常習法人

ル　多額の使途不明金が把握された法人

ヲ　暴力団に関係がある法人

ワ　調査困難等法人

カ　その他調査事務の的確な運営を図る等のため特に注視する必要があると認められる法人

(2) 管理

　第3グループに判定した法人（以下「第3グループ法人」という。）は、次により管理を行う。

イ　第3グループ法人の管理に当たっては、個々の法人ごとに、その判定理由及び管理の重点事項を把握・整理し、申告内容の分析・検討を継続して行うとともに、積極的に資料情報の収集・蓄積を行う。

ロ　イのほか、早期に担当者を定めて調査着手及び調査展開を効果的に行うための予備的検討を分担させることが適当と認められる事案については、次により深度ある管理を図るものとする。

(イ)　統括官等は、当該事案について適宜に担当者を定めて長期指令を行い、当該担当者に当該事案管理の具体的な方策を企画させるとともに、必要に応じ、当該管理事務に要する日数を付与するものとする。

(ロ)　(イ)の長期指令を受けた担当者は、速やかに当該事案に係る過去の申告事績、調査事績、他の部門等における有効資料の有無、代表者等の所得及び資産の異動状況等の確認・分析・検討を行うとともに、機動調査担当国税調査官に資料情報の収集を依頼することが適当と認められる事項については、その依頼について統括官の指示を仰ぐものとする。

(ハ)　(イ)の長期指令を行った統括官等は、必要に応じ、当該事案の調査に当たり有効な資料情報の幅広い収集について他の職員に周知するなどして、その充実を図ることにも配意する。

(3) 接触

　第3グループ法人に対する接触に当たっては、原則として、深度ある調査を実施する。

(4) 判定換え

　統括官等は、管理の過程において又は実地調査の結果、第3

グループにおける管理を継続する必要がないと認めた法人については、その認めたときに、他の実況区分に判定換えを行う。

　ここで、上記の「(4) 判定換え」にも記載があるとおり、第3グループになってしまったからといって、ずっと第3グループに登録され続ける訳ではありません。その必要がなければ、判定換えがされるのです。

　これを踏まえて、法人税個別通達「『重点管理対象法人』の管理要領について（指示）」東京国税局長（平成16年6月18日法源 課二法第392号）を見てみましょう。

　　　　　　　　　　　　　　　　　　　　平成16年6月18日
　　　　　　　　　　　　　　　　　　　法源 課二法第392号
　　　「重点管理対象法人」の管理要領について（指示）

　標題のことについては、下記のとおり定めたので、今後はこれにより的確に実施されたい。
（趣旨）
　法人の管理に当たっては、法人の事業実態等の的確かつ効率的な把握・分析・検討を行うため、すべての法人について実況区分による管理を行っているところであるが、多額の不正計算が想定される法人など特に調査必要度の高い法人を「重点管理対象法人」として指定し、継続的な管理と重点的な調査を実施することで、調査事務の一層の充実を図るものである。

　　　　　　　　　　　　　　　記
1　重点管理対象法人の指定基準　略
2　重点管理対象法人の管理　略

3　重点管理対象法人に対する実地調査　略

4　重点管理対象法人の見直し

(1) 指定解除基準

　重点管理対象法人が、次のいずれかに該当することとなった場合には、指定を解除する。

イ　原則として連続する2回の実地調査の結果、不正計算が把握されず、代表者の納税意識あるいは法人の経理体制等から判断して、今後不正計算を行うことが想定しがたい法人

ロ　休業・清算中であるなど申告事績から判断して明らかに管理の必要がないと認められる法人

(2) 指定解除の手続

イ　指定解除基準の「イ」に該当することとなった場合には、調査担当統括官等は、実地調査に係る決議書等の決裁時に、調査事績書（その2）（「実況区分判定に関する幹部及び担当者の所見」欄）に解除理由を記載の上、決裁に回付する。

ロ　指定解除基準の「ロ」に該当することとなった場合には、調査担当統括官等は、重点管理対象法人に係る法人管理簿の写し（「参考事項」欄）に解除理由を記載し、事務年度末の適宜の時期に筆頭統括官へ回付する。

　　なお、回付を受けた筆頭統括官は、これを取りまとめた上、指定解除について決裁に回付する。

ハ　指定を解除した場合には、調査担当統括官等は、解除理由を法人税歴表（一面「その他の特記事項」欄）に記載するとともに、実地調査に係る決議時又は事務年度首の基本簿書照合表入力時に実況区分コードの変更入力を確実に行う。

5　実地調査状況の報告
　筆頭統括官は、重点管理対象法人に対する実地調査の状況について、適時に名簿保管者へ報告する。

　これは東京国税局の資料ですが、他局でも同様の資料があると思われます。だから、税務調査の結果、重加算税を課されたとしても、一定の状況になれば、第3グループからの変更をしてもらうことが可能なのです。ただし、この論点は多くの税務調査官のみならず、税理士も知らない方が多いポイントです。ただし、重加算税が課された過去があっても、そこから脱却することも可能なのです。

多くの人が誤解している・間違えているポイント

✓ 税務調査で重加算税が課され、国税のシステムの第3グループに登録されてしまったとしても、そこから脱却する方法はある。

✓ この方法は多くの税務調査官のみならず、税理士も知らない可能性が高いので、顧問先を守るためにもしっかりと整理しておくべき知識である。

事例 07　その売上計上もれは本当に重加算税の対象なのか？

　税務調査で売上計上もれが否認された場合、それが重加算税の対象になることもあります。では、税務調査官から「この売上計上もれは重加算税の対象になります。」と指摘を受けた場合、どのような反論をするべきでしょうか？

ポイント

　「単なるミス」による売上計上もれは「隠ぺい」や「仮装」に基づくものではありませんので、重加算税の対象にはなりません。しかし、実際には重加算税の対象になっている事例も多いと思われるので、下記のような類似事例を提示して反論することが重要です。

解説

　売上計上もれに対して重加算税が課されたものの、請求人の主張が認められた（重加算税を回避することができた）裁決事例を３つ挙げましょう。

⑴ 平成 31 年２月７日裁決

　事例の概要は次のとおりです。

○ 紳士服、婦人服、子供服の企画等をする法人（Ａ社、Ａ社の取締役は代表Ｂのみ、Ａ社の従業員はＢの妻Ｃのみ）

○ 平成 26 年 10 月８日：Ａ社保管の甲社宛の納品書（控）あり（金額：266,400 円（税抜））

○ 同日：甲社に対する請求書（控）にも同額の記載あり（金額：287,712円（266,400円＋消費税）

○ 平成27年1月15日：甲社は287,712円の小切手で支払い

○ 平成27年1月16日：妻Cは小切手を現金化

　この小切手分の売上が計上もれとなり、税務調査で指摘されたのでした。そして、A社は修正申告に応じたものの、課された重加算税には納得できず、重加算税についてのみ争うことになったのです。同様の事例があれば、同じように重加算税を課されたものの、金額が小さいことから争いもせずに終わっていることも多いでしょう。

　では、この事例はどうなったのでしょうか？　A社は「日常業務に追われ、経理が後回しになることが多くある。」、「業務の繁忙等から小切手の受領の入力を失念したことが、売上計上もれとなった原因。」、「この請求書も請求書つづりに入れており、売上を除外するなら、このつづりを提示することはない。」、「単なる経理ミスであり、仮装、隠ぺいはない。」　と主張しました。中小企業においてはあり得る「処理ミス」です。

　しかし、国税は「代表Bが甲社に依頼し、本来は銀行振込であるべきものを小切手回収に変えさせた。」などと主張しました。

　しかし、国税不服審判所は次のとおり、判断しました。

● 請求書つづりには、今回の取引前の甲社との3回の取引の請求書（控）が「平成22年5月20日：33,600円」、「平成22年11月30日：301,350円」、「平成23年4月30日：68,775円」もつづられ、いずれも売上げに計上されている。

● 平成22年5月20日付の甲社への請求書（控）の売上代金は現金で受領した後、銀行口座に入金されていた。

● 平成22年11月30日付、平成23年4月30日付の請求書（控）の売上代金は甲社から銀行口座に振り込まれていた。

● 平成27年5月期（問題が指摘された期）において、売上代金を

銀行口座への振込み以外で受領した取引は、今回の取引を除くと、X社との2回の現金取引であった（適正に売上に計上）。
● 代表Bが甲社に銀行振込から小切手回収に変えさせた事実はない。
● 重加算税を課したことは違法である。

　細かいその他の事実関係は割愛しましたが、こうして、A社の主張は認められたのでした。この事例で大きなポイントになったのが、甲社の社長の「次男」の答述です。甲社の社長は当時のことをよく覚えていなかったのですが、次男の答述が「具体的で信用できる」と判断され、「小切手支払の流れは自然なものである」と判断されたのでした。税務調査は過去を調べる行為なので、当時の記憶が曖昧であることはよくあります。そのため、通常と違う流れの取引になった場合や後日に売上計上もれなどのミスを発見した場合には、それが起きた経緯などを記録に残しておくことが重要なのです。

⑵ 平成 17 年 1 月 11 日裁決

　この事例は土木建築サービス業を営む法人において、「現金売上の計上もれ」に対して重加算税が課されたものです。現金売上がイベントなどの現場での売上だった場合、もれた売上分の現金が封筒などで別管理されている場合もあれば、どうなったか分からない場合もあるでしょう。このような場合、本当に重加算税は課されるのでしょうか？

　たとえば、「入金帳に売上の記録はあり、売上として認識はされている。」、「この売上が総勘定元帳には記録されていない。」という状況だったとしましょう。このような場合、税務調査官は「売上除外なので、重加算税」と主張する可能性があります。しかし、事実関係次第ですが、そうではないのです。

この事例の前提条件です。

● 窓口でもらった現金は社員が入金帳に記載（日付、科目、摘要、金額 50 万円）

● 処理ミスにより、この売上を総勘定元帳に記載することを失念（通常は入金帳から入金（売上）伝票を起票して総勘定元帳に転記する流れだが、この取引に関しては入金（売上）伝票が作成されていない）

● 現時点で 50 万円は行方不明（請求人の取締役は「小遣い程度の金額なので使ってしまったかもしれない」と税務調査官に回答）

● 国税は重加算税を課した

　しかし、国税不服審判所は「売上計上もれは事務処理のミスである。」「納税者が積極的に売上を除外したと認定できる事実もない。」、「隠ぺい、仮装ではないので、重加算税ではない。」とし、納税者の主張を認めたのです。

裁決文（一部改定）

　本件売上げが請求人の所得金額の計算上益金の額に算入されることなく申告漏れとなった理由については、「請求人の経理担当者である×××××は、当審判所に対し、本件売上げに係る入金（売上）伝票が作成されなかった理由は事務処理ミスからであり、故意に作成しなかったものではなく、調査担当職員にその旨を説明したが理解してもらえず、調査担当職員に「故意に除外したのではないか。」と言われた旨答述している。」という答述からすると、請求人の事務処理上のミスからであることも否定できず、請求人が積極的に本件売上げを所得金額から除外したと認定できる事実は認められない。

　重加算税を課すためには「隠ぺい」、「仮装」という事実が必要で、この立証責任は国税側にあります。当然ですが、売上を除外しようとする場合、わざわざ入金帳などに記録して保存はしない訳です。そして、現金売上の計上もれを指摘されたということは、その売上を記録した明細、補助簿などが残っているということです。これを検証された結果、一部の売上が計上されていないことが発見されたということです。何も記録せず、または、二重帳簿を作成し、売上を除外するような行為とはまったく意味が違うのです。

　しかし、税務調査官は「単なるミスによる売上計上もれ」にも関わらず、「重加算税」と主張してくることは十分にあり得ます。また、税理士も安易にこれを認めているケースも多いと考えます。しかし、それは「根本的に理屈が間違っている」のです。「単なる売上の計上もれ」は重加算税の対象にならないのです。

(3) 平成14年4月25日裁決

　この事例は××用資材の加工・製造を業とする同族会社において、「倉庫料収入等の振込入金を『雑収入』に計上せず、『現金』とした」という「科目の記載ミス」の事例です。

　この取引の状況は下記のとおりです。

○ 平成3年7月～平成6年8月：取引継続（この期間については、代表者の妻は適正に「雑収入」に計上していた。）

○ 平成6年9月～平成8年5月：取引停止

○ 平成8年6月頃以降：取引再開（この期間について、「雑収入」とすべきところを「現金」と処理してしまった。）

　この状況の下、税務調査においては「重加算税である」という処分がされた訳ですが、国税不服審判所は下記と判断しました。

● 今回のミスは代表者の妻の記帳誤りが発端であるが、下記が原因。

・顧問税理士が代表者の妻の記帳内容を十分に検討しなかったこ

と。

・現金等の実際在高と帳簿残高を照合することなく、安易に期末に決算修正を行い、決算書を作成したこと。

● 代表者の妻が経理知識に乏しく、顧問税理士も決算書の作成に当たり、十分な検討を行わなかったので、代表者の妻の単純な記帳誤りを発見することができなかった。

● その結果、雑収入の計上漏れが起きてしまった。

● 摘要欄には「Ａゴムより」と記載し、振込入金があった事実を明確にしているので、故意に相手勘定を「現金」と処理したとは認められない。

● 隠ぺい、仮装には該当しないので、重加算税ではない。

裁決文

　事実を隠ぺいするとは、納税者がその意思に基づいて、課税標準等又は税額等の計算の基礎となるべき事実について、これを隠ぺいし又は脱漏することをいい、事実を仮装するとは、納税者がその意思に基づいて、所得、財産又は取引上の名義等に関し、あたかもそれが事実であるかのように装う等をわい曲することをいうものと解される。

（中略）

　原処分庁は、代表者の妻は今回入金期間の本件雑収入を本件預金出納帳に記帳するに当たり、その相手勘定科目欄に「雑収入」と記帳すべきことを知っていながら故意に「現金」と記帳した旨主張する。しかしながら、（…中略…）代表者の妻は前回入金期間は本件預金出納帳の相手勘定科目欄に「雑収入」と記帳しているところ、２年後に再開された今回入金期間については、本件預金出納帳の相手勘定科目欄に「現金」と記帳しているが、その摘要欄には「Ａゴムより」と記帳し、×××からの

振込入金があった事実を明確にしていることからすると、故意
に相手勘定科目欄に「現金」と記帳したとは認められない。

　そうすると、代表者の妻が本件預金出納帳の相手勘定科目欄
に「雑収入」と記帳すべきところを「現金」と記帳したことに
ついては、過少申告を意図的に行うためのものとは認められず、
また、これらのことに事実の隠ぺい又は仮装、さらに、偽りそ
の他不正の行為があったとも認められない。

　ちなみに、隠ぺい、仮装の立証責任は国税側にあります。課税処
分の大半（貸倒損失などを除く）は国税側に立証責任があるにも関
わらず、納税者にその立証責任が転嫁されていることも少なくあり
ません。

　本来は次の流れであるべきです。

調査官：「これは黒ですね」

調査官：「なぜならば、○○だからです」　→　調査官側の立証

納税者：「いいえ、これは白です」

納税者：「なぜならば、××だからです」　→　納税者の反証

　しかし、実際の税務調査の現場では調査官：「これは黒ですね。
あなたが白だと言うならば、白であることを立証しなさい。」となっ
ていることも多いのです。しかし、税務調査官側に「最初の立証責任」
があることが大半なのです。

　重加算税が課されれば、国税内部のシステム（KSK（国税総合管
理システム））に「第3グループに属する法人」として登録されます。
ここに登録された法人は東京国税局の内部資料で「過去の調査事績
及び資料情報等から不正計算が想定され、特に注視する必要がある
法人」と記載されています。そうなれば、短期的に次回の税務調査

がある可能性も高くなるのです。なお、第3グループから脱する方法もありますが（事例06参照）、今回の本題ではないので割愛します。ただし、何もしなければ、第3グループとして登録され続けるのです。

　重加算税を課すためには「納税者のした過少申告行為そのものが隠ぺい、仮装に当たるというだけでは足りず、過少申告行為そのものとは別に、隠ぺい、仮装と評価すべき行為が存在し、これに合わせた過少申告がされたことを要するものである。しかし、重加算税制度の趣旨に鑑みれば、架空名義の利用や資料の隠匿等の積極的な行為が存在したことまで必要であると解するのは相当でなく、納税者が、当初から所得を過少に申告することを意図し、その意図を外部からもうかがい得る特段の行動をした上、その意図に基づく過少申告をしたような場合には、重加算税の賦課要件が満たされるものと解すべきである（最高裁、平成7年4月28日判決）」とされています（国税不服審判所・平成30年9月4日裁決）。

　国税庁発表の統計資料によれば、法人に税務調査があった場合、5社に1社が重加算税の対象になっています。しかし、よく考えてみてください。5社に1社もの会社において、売上を除外している、架空人件費や架空経費を計上している、社長がキックバックをもらっている、などの隠ぺいや仮装が行われているでしょうか？そんなに多くの会社で起きているとは到底思えません。しかし、結果としては5社に1社が重加算税の対象になっているのです。これは税理士が適正に反論できていないことも1つの要因になっていると思われます。我々税理士が「正しい知識」を持って、「正しい税務行政」を支え、納税者を守っていかないといけないのです。

多くの人が誤解している・間違えているポイント

☑ 売上計上もれが重加算税の対象になるかならないかは事実関係次第。

☑ 重加算税の対象ではないにも関わらず、重加算税と指摘を受けた場合は過去の類似事例などを提示し、適正に交渉していくことが重要。

参考文献等

● 鵜野和夫 著「令和 2 年 10 月改訂　不動産の評価・権利調整と
税務」(2020 年 11 月発行・清文社)

● 酒井克彦 編著・監修「クローズアップ保険税務　生命保険編」
(2017 年 1 月発行・財経詳報社)

● 新村出 編「広辞苑　第七版」(2018 年 1 月発行・岩波書店)

● 週刊 税務通信 (税務研究会)

● WEB 版　保険税務のすべて (新日本保険新聞社)

● 国税速報データベース (大蔵財務協会)

● 国税庁ホームページ

● TKC 税務 Q&A データベース

● TAINS データベース

著者紹介

税理士　**見田村 元宣**（みたむら もとのぶ）
日本中央税理士法人　代表社員
株式会社日本中央研修会　代表取締役

　昭和 43 年愛知県一宮市出身。早稲田大学卒業後、株式会社タクトコンサルティング等を経て、平成 14 年 1 月に独立。東京都港区西新橋にて会計事務所を運営。現在は通常の顧問業務の他、税務調査、節税、相続、事業承継等のコンサルティング及びセミナーも主な業務として活動しながら、節税や税務調査に関する無料メールマガジンを発行しており、その読者数は約 65,000 人。税理士に対して「提案型税理士塾」、生保営業パーソンに対して「生保営業支援塾」も主宰している。

　著書に「ちょっと待った！！社長！御社の税務調査ココが狙われます！！」、「これだけ！B/S と P/L」、「金持ちファミリーの相続税対策　ここを見逃すな！」などがあり、アマゾン総合 1 位を 4 度、総合 2 位を 2 度、獲得したこともある。また、メールマガジンから派生させた累計売上は 10 億円以上あり、マーケティングコンサルタントとして企業に関わることもある。売れる文章、難しいことを分かりやすく解説した文章を書けることから「文章の魔術師」とも呼ばれている。

著者が節税や税務調査のノウハウを解説している無料メールマガジン（読者数：約65,000人）は下記のURLまたはQRコードからご登録頂けます。

https://www.muryou-report.net/magazine/

＜連絡先＞

東京都港区西新橋２－６－２　ザイマックス西新橋ビル３階

電話：03-3539-3047

メール：soudan@j-central.jp

サービス・インフォメーション

―――――――――――――――――――――――――――通話無料――――
① 商品に関するご照会・お申込みのご依頼
　　　　　TEL 0120(203)694／FAX 0120(302)640
② ご住所・ご名義等各種変更のご連絡
　　　　　TEL 0120(203)696／FAX 0120(202)974
③ 請求・お支払いに関するご照会・ご要望
　　　　　TEL 0120(203)695／FAX 0120(202)973

● フリーダイヤル(TEL)の受付時間は、土・日・祝日を除く
　9：00～17：30です。
● FAXは24時間受け付けておりますので、あわせてご利用ください。

その判断が危ない!?税務処理の実務ポイント―法人税編
～ベテラン税理士でも誤解しやすい事例を精選～

2022年1月5日　初版発行
2023年2月5日　初版第4刷発行

著　者　　見田村　元宣

発行者　　田中　英弥

発行所　　第一法規株式会社
　　　　　〒107-8560　東京都港区南青山2-11-17
　　　　　ホームページ　https://www.daiichihoki.co.jp/

装　丁　　タクトシステム株式会社

誤解事例法人税　ISBN 978-4-474-06992-3　C2034 (2)